내 인생에 다시없을 1년 살기

내 인생에 다시없을 1년 살기

초판 1쇄 발행 2020년 10월 17일

지은이 최맑음·김여나·송귀옥·유영하·진희선·송현옥
편집인 옥기종
발행인 송현옥
펴낸곳 도서출판 더블:엔
출판등록 2011년 3월 16일 제2011-000014호

주소 서울시 강서구 마곡서1로 132, 301-901
전화 070_4306_9802
팩스 0505_137_7474
이메일 double_en@naver.com

ISBN 978-89-98294-94-6 (03320) 종이책
ISBN 978-89-98294-95-3 (05320) 전자책

내 인생에 다시없을 1년 살기

혼자는 힘들어 함께하는
어른들의 자기주도 성장습관
'1년 살기'에서 희망을 충전하는 사람들의 이야기

최맑음, 김여나, 송귀옥, 유영하, 진희선, 송현옥

더블:엔

'함께'의 힘으로
내 인생 더욱 풍족하게 만들어갑니다

저는 '내 인생에 다시없을 1년 살기'라는 소모임을 운영하고 있습니다. 줄여서 '1년 살기'라 부르고, 우리 멤버들은 '1년지기'입니다.

가슴 뛰는 목표를 가지고 1년만이라도 살아보자! 하는 취지로 시작했습니다. 이렇게 1년씩 살아본다면 우리 인생이 어떻게 달라질 수 있을까 궁금해서 만들었습니다. 처음 모임을 만들 때만 해도 육아에 전념하고 있을 시기였는데, 혼자서 무언가를 시작한다는 것이 무척이나 어려웠습니다. 함께 해야겠다는 생각을 했습니다.

그리고 4년차가 되었네요. 되돌아보니 그동안의 성과가 결코

작지 않습니다. 저 개인적으로도 많이 성장했고, 또 많은 일들을 벌였습니다.

"어머! 진짜?" "우리가? 해냈어!" 하는 일들이 하나둘이 아닙니다. 말하는 대로 생각하는 대로 이루어지는 곳이 바로 이곳입니다. 그래서 재미있고 그래서 더 신나게 일을 벌입니다.

이제는 "내가 과연 할 수 있을까?" 하는 고민은 하지 않습니다. 대신 "어떻게 하면 할 수 있을까?"를 고민합니다.

'함께하는 힘'은 정말로 대단합니다. 누군가의 인생을 변화시키기도 하고, 희망을 샘솟게도 도와줍니다. 육아의 고충, 낮아진 자존감, 일과 육아를 병행하며 균형을 잡으려고 버티고 있는 이들에게 힘이 되어줍니다. 많은 사람들이 이런 상황에서 더 나아지고 싶어서 소모임에 참여합니다.

하지만 좋은 취지로 만든 모임이라 해도 오래가는 건 다른 문제입니다. 처음에는 파이팅 하는 마음으로 시작하고, 참가자들도 동의하면서 모였지만 1년을 넘기는 게 쉽지만은 않습니다. 어렵기도 하고 고민이 많았는데 이제 저는 어떻게 하면 사람들이 더 재미있고 즐거워하는 모임을 만들 수 있을까를 고민합니다. 아마 저와 같은 마음으로 고민하는 소모임 리더 및 구성원들이 많이 계실 듯합니다. 그런 분들에게 저희의 이야기가 도움이 되었으면 하는 바람입니다.

저희 모임에는 리더가 없습니다. 앞에서 이끄는 사람, 선동하는 사람도 없고, 지휘나 명령하는 사람도 없습니다. 숙제는 있지만 검사하지 않는 숙제입니다. 아무도 일찍 일어나자고 하지 않았는데, 스스로 일찍 일어나고, 읽은 책 중 좋았던 책을 추천합니다. 서로 나누고, 필요한 사람에게 선물도 합니다. 어느새 그렇게 시스템화 되었습니다.
저도 신기합니다. 늘 제가 생각한 것보다 훨씬 더 큰 감동을 주는 1년지기들입니다. 이렇게 사람들을 움직이게 하는 힘은 어디서 나오는 것일까요?
누군가가 아이디어를 던지면 다른 누군가가 받아 구체화시키고 실행으로 옮겨서 결과물을 만들어냅니다. 이런 과정이 신기하고 재미있습니다. 어느새 우리는 할 수 없다는 말 대신 어떻게 하면 잘할 수 있는지를 생각하게 되었습니다.

지난해 우리 모임의 구성원 8인이 모여 《다시, 시작합니다》를 출간했습니다. 제작비에 보탬이 되고자 한 여러 기획들이 줄줄

이 통과되는 기쁨도 맛보았습니다. 한국출판문화산업진흥원에 원고를 제출했는데 선정되어서 제작비를 지원받았고, 난생처음 펀딩에도 참여하여 160만원이 넘는 금액을 후원 받았으며, 후원자분들과 작가의 가족들, 독자분들을 모시고 북콘서트도 열었습니다. 가을에는 워크샵도 다녀왔지요.

이번 작업도 너무나 기대됩니다. "우리가 책을?" 이라고 했었는데, 그 사람들이 모여서 책을 만들었고, 이제는 또 다른 멤버들이 모여서 두 번째 책을 쓰고 있습니다.

원고를 쓰면서 많은 프로젝트를 기획했습니다. 한 번 해 봤다고 두 번째는 미리 예상하며 즐겁게 새로운 도전을 만들어갑니다. 작년에 여성 마라톤을 참여하게 된 것을 바탕으로 이번에는 저희끼리 마라톤대회를 만들어서 책 홍보겸 몸과 마음을 건강하게 다져보자는 취지로 기획을 했는데, 예상치 못하게 코로나가 다시 활성화되면서 저희 계획에 차질이 생겼습니다.

그래서 포기했을까요? 만약 저 혼자 기획하고 진행하는 일이었다면 그랬을지도 모릅니다. 하지만 함께하니 한 길이 막혀도 다른 길을 찾게 됩니다. 만나서 무언가를 하지 못하니 각자의 자리에서 최선을 다할 수 있는 프로젝트를 만들어보기로 했습니다!! 그래서 기획한 것이 77프로젝트입니다.

행운의 숫자가 두 개나 들어간 77프로젝트는 자신의 목표를 정하고 77일 동안 꾸준하게 이어가면 됩니다. 꼭 연속해서 77일을 이어나갈 필요는 없습니다. 하다 안 되면 잠시 멈춰도 됩니다. 단, 포기하지 않고 몇 개월이 걸리든 77일 동안 해보는 것이지요.

혼자서 하면 꾸준히 하다가도 멈추게 되기 쉬운데, 함께하게 되면 내가 멈춰 있어도 누군가는 꾸준하게 걷고 있는 모습을 보며 다시 일어설 수 있는 계기를 만들 수 있습니다. 그래서 자신의 위치에서 혼자 하는 것이지만, SNS를 활용해서 인증샷을 올리면 모두가 가서 응원도 해주고 힘내라는 댓글을 달아주며 함께하는 이벤트를 열었습니다.

처음에는 6명의 작가로 시작해서 1년지기님들이 참여하고, 그 다음에는 전국에서 참여하는 현상도 벌어지고 있습니다.

우리가 하나 됨을 인식하기 위해 '내 인생에 다시없을 1년 살기' 티셔츠도 만들어서 입었습니다. 어떻게 보면 유치할 수도 있는데, 이것 또한 재미입니다. 서로 거리는 떨어져 있지만 함께하고 있다는 인증과 동료애를 느낄 수 있는 것이지요.

코로나 덕분에 지방에 계신 분들과 1년 살기 모임은 힘들겠다 생각했는데 의외로 쉽게 풀리게 된 것 같기도 합니다.

올해는 유독 제가 가는 길이 환경에 의해 막힌다는 느낌이 많이 듭니다. 물론 개인의 문제가 아니라 모든 사람들이 영향을 받고 있는 상황이지만, 이것도 점점 길어지니 우울할 수밖에 없습니다. 제가 그 수렁에서 빨리 나올 수 있었던 것은 내 옆에서 꾸준하게 걷고 있는 사람들 덕분입니다. 우리는 서로서로 중간에 포기하지 않도록 응원해주고, 당 충전을 해주면서 아낌없이 지지해줍니다.

못하는 일이 없을 것 같은 우리는 매일매일 설레고 아침에 눈을 뜨는 것에 대해서 감사함을 느낍니다. 누군가 시켜서 하는 일도 아니고, 월급이 나오는 일이 아닌데도 말입니다.
언제나 시작은 작았지만, 함께하며 그 힘이 점점 커집니다. 아무것도 아닌 내가 진짜 대단한 사람이 될 수도, 진짜 대단한 기획자가 될 수도 있습니다. 우리 모두는 그런 가능성이 있는 사람이라는 것을 이 모임을 통해 알게 되었습니다.

한 달에 한 번 모이는 모임인데, 코로나19로 인하여 모임이 연속 3개월 중단되었습니다. 그리고 같은 이유로 4년 동안 우리에게 최고의 장소가 되었던 모임 공간이 폐업을 했습니다. 아줌마가 되고 나서 강남 갈 일이 거의 없었는데, 다시 예쁘게 옷을 차려 입게 하고 화장을 하고 나올 수 있었던 공간. 그 안에서 울고 웃으며 많은 사람들에게 위로를 주고받던 공간이 없어지게 되어 무척이나 아쉬움이 큽니다.

대신 카톡에서 혹은 줌이라는 화상회의로 함께하면서 우리가 만날 수 있고, 이야기를 나눌 수 있는 게 얼마나 귀한 것인지 깨달을 수 있었습니다. 한 사람 한 사람이 소중하고, 내 이야기를 들어줄 수 있는 이곳이 있기에 코로나 블루도 지혜롭게 극복해나가고 있는 중입니다. 코로나19 덕분에 모임의 소중함을 더 느끼게 되고, 기쁠 때나 슬플 때나 함께 나눌 수 있는 사람들이 있다는 것, 그들과 공유할 수 있는 추억의 공간이 삶을 살아가는데 많은 힘이 된다는 것을 알게 되었네요.

이 책의 저자 6인은 '1년 살기' 모임에서 만났습니다. 모임 안에서 성장하고 변화한 이야기를 다른 사람들과 나누기 위해 우리의 이야기를 풀어보기로 했습니다. 우리는 이제 모임의 힘을 알아버렸고, 그 에너지와 매력을 널리 전파하고 싶어졌습니다. 앞으로 온라인이든 오프라인이든 이런 모임들이 많이 생길 것 같습니다. 모임의 운영자로서 혹은 참가자로서 멋진 삶을 즐기고 싶은 이 땅의 모든 이들에게 저희의 책이 조금이나마 도움이 되었으면 좋겠습니다.

- 퀸스드림 (김여나)

PART 3

내 삶에 온 기회들을 향해
YES를 외쳐주세요!

PART 4

일단 시작해!
그리고 함께해!

PART 5

있는 그대로의 나로
살아가기 위하여

PART 6

그곳에는 독자와 저자가
함께 있었다

에필로그

PART 1

잊고 있던
저의 비범함을
찾아가는 중입니다

● 최맑음

관광경영학을 전공했습니다.

서비스업이 천직이라 생각하고

호텔리어로 직장생활을 시작했습니다.

현재 기업에서 홍보업무를 담당하고 있는

18년차 직장인이자

폭력예방교육을 하는 사내강사입니다.

여행육아 팟캐스트〈여행으로 준비하는 초등입학〉

공동진행자입니다.

브런치 brunch.co.kr/@choimalgeum

인스타그램 @choimalgeum

평범한
보통사람입니다

드디어 평범한 보통의 삶을 살게 되었습니다.

그동안 정말 특별한 삶을 살아왔거든요. 저는 "왜 나에게는 이런 일만 일어날까?" "도대체 왜 나에게만 이런 일이 일어날까?"라는 말을 수도 없이 하며 살았습니다.

얼마 전까지만 해도 제 평생소원은 '평범하게 살아보는 것'이었습니다. 정말 남들처럼 살아보는 것이 소원이었습니다. 저에게 있어서 '남들처럼'은 아끼고 사랑하는 가족이 함께 따뜻한 밥상에 둘러앉아 하하 호호 원 없이 웃어보는 것이었습니다. 언제 무슨 일이 벌어질지 모르는 불안함 없이 말이죠.

뒤돌아 생각해보니 참 부단히도 평범해지기 위해, 보통사람 만큼만 살았으면 하는 마음으로 열심히 노력해왔네요.

제 부모님은 스무살 어린 나이에 저를 낳았습니다. 집안의 만류에도 불구하고 저는 그렇게 갓 스무살이 된 부모의 첫 자식이 되었죠.

저는 불혹을 불과 몇 발자국 앞둔 39살에 첫 아이를 낳고서 세상 가장 어려운 일이 '육아'구나 생각했는데, 우리 부모님은 얼마나 힘들었을까 싶습니다. 한창 젊음을 즐기고 도전할 나이에 가족에 대한 책임감을 어깨에 얹은 부모가 되었으니 말입니다. 중학교 때 엄마가 학부모 상담을 학교로 오셨는데, 그때 친구들이 큰언니냐고 물었던 적도 있습니다. 가족끼리 식당에 가면 식당의 종업원이 아버지가 저의 큰오빠냐고 묻기도 했었습니다. 그만큼 저희 부모님은 '젊은' 아니 '어린' 부모였습니다.

부모님은 저희를 너무나 사랑했지만 우리가족은 경제적으로 많이 힘들었습니다. '어린' 나이만큼이나 경제관념 역시 '어린' 탓이었을 겁니다. 고등학교 2학년 때는 기성회비(지금은 뭐라고 부르나요?)를 내지 못해 교무실에 자주 갔었습니다. 다행히 너무나 좋은 담임선생님을 만나 장학금을 받아가며 어찌어찌 다녔습니다. 고등학교 3학년 때는 문제집을 사지 못해 쉬는 시간마다 친구들에게 빌리러 다녔습니다. 그 친구들이 내가 딱했는지 돈을 십시일반 모아 저에게 문제집을 사주더군요. 이런 제가 대학을 꿈꿀 수 있었을까요? 몇 십만 원 단위인 기성회비가 아닌 몇 백만 원 단위의 대학교 등록금을 감당할 수 없을 텐데 말이죠.

그러나 저는 대학을 꿈꿨습니다. 이유는 단 하나. 대학을 가야만 '평범'한 삶에 가까워질 것 같았기 때문입니다. 다행히 좋은 담임선생님과 지금도 만나면 좋기만 한 친구들 덕분에 그렇게 고등학교를 마치고 대학 입성에도 성공했습니다.

하지만 평범한 대학생은 되지 못했습니다. 친구들과 까르르 웃으며 푸르른 잔디밭에 앉아 담소도 나누고 도서관에서 공부하는 모습은 TV에서만 볼 수 있는 장면인 듯했습니다. '캠퍼스의 낭만'은 저에게 있어서 그야말로 시간과 돈이 있어야 허락되는 사치에 가까웠습니다.

저는 수능을 친 그 순간부터 아르바이트를 시작했습니다. 그리고 그 이후로 지금까지 일을 멈춰본 적이 없습니다. 평범해지기 위해서는 무엇보다 '돈'이 필요했는데 그 '돈'이란 것이 없었기 때문이죠. 아르바이트로 해서 번 돈은 용돈과 책값, 생활비 등으로, 학비는 장학금으로 메우기 위해 정말 주경야독했습니다. 참 열심히 살았던 20대였습니다.

새벽에 일어나 영어학원 가고, 삼각김밥으로 아침 끼니를 때우고, 패스트푸드 레스토랑에서 아르바이트를 했습니다. 학교에서는 지도교수님 연구실에서 근로장학생 생활을 했습니다.

힘든 날도 많았지만 열심히 하면 된다고, 할 수 있다고 되뇌며 저 자신을 다독였습니다. 매학기 성적장학금, 근로장학금 등을 받고 우수한 성적으로 대학을 조기졸업했습니다. 다행히 취업도 졸업 전에 되었습니다. 그렇게 저는 '평범'에 조금씩 가까워지고 있는 듯했습니다.

그러나 취업과 동시에 빚을 갚아야 했습니다. 장학금으로 다 메우지 못했던 학자금대출, 집에서 필요해서 제 명의로 은행에서 빌려 썼던 대출금까지. 버는 족족 빚을 갚아야 했습니다.

동료들과 친구들은 돈 벌어 옷 사고 여행가고 차 사는데, 저는 빚을 갚느라 즐길 겨를이 없었습니다. 그 와중에 다행인 것은 다니고 있던 회사가 시골에 있어서 돈 쓸 일이 많이 없다는 사실이었습니다. 복지도 좋아서 저렴한 가격에 숙식이 제공됐습니다.

예상보다 빠른 시간에 돈을 갚을 수 있었고, 종자돈을 모아서 대출을 많이 끼긴 했지만 가족들이 다 같이 따뜻한 밥 한 끼 먹을 수 있는 30평대 아파트를 지방에 살 수 있었습니다. 역시 돈을 벌고 돈이 모이니 '평범'에 더 빨리 다가가는 것 같았습니다.

그런데 이번에는 결혼이 문제입니다. 당시 남자친구가 공무원 준비를 하고 있었는데 시험에 끝도 없이 떨어집니다. 그 사람 나이 35세, 저는 34세. 결혼해서 아이도 있어야 할 것 같은 나이인데 그는 여전히 공부를 하고 저는 여전히 가족 뒷바라지를 하고 있습니다. '결혼을 하지 말아야 하는 건가?' '결혼이라는 보통의 평범은 나에게 허락되지 않는 건가?' 라는 생각이 들었습니다. 또 그렇게 평범한 삶과 멀어지는 것 같았습니다.

그러나 혼자일 자신도 없고, 또 다른 연애를 할 자신이 없어서 아니 그보다는 '평범'하지 못한 나를 또 누가 이만큼 사랑해주겠나 싶어서 직업이 정해지지 않은 그 사람과 결혼을 결심했습니다. 정말 다행인 것은 상견례까지 했더니 결국 시험에 합격했습니다. 그리고 우리는 결혼했습니다.

결혼하고 보니 제 기대 만큼이나 이 남자는 평범한 가정에서 평범하게 자란 사람이었습니다. 보통 사람이더라고요. 시댁 식구들도 너무나 무난했습니다. 그리고 30대 중반이 되도록 직업 없이 공부를 하던 남자와의 결혼을 결심한 덕분이었는지 시부모님은 저에게 전폭적인 지지와 사랑을 아끼지 않으셨습니다. 그러한 상황들은 '아! 나도 이제 평범해졌구나' 라고 느끼기에 충분했습니다.

그런데 이제 결혼 3년이 넘어가도록 아기가 생기지 않습니다. 많은 나이에 결혼해 또 걱정이 시작되었습니다. 노력해서 아기가 생겨도 유산, 또 유산. 그렇게 연속 두 번의 유산을 경험했습니다. 병원에서는 이유가 없는 습관성 유산으로 갈 가능성이 높다고 합니다. 그리고 산모의 나이가 많아서 그럴 수도 있다는 말도 빼놓지 않았습니다.

눈물이 났습니다. '뭐가 이렇게 어려운지? 왜 나는 한 번을 쉽게 가는 일이 없는 걸까? 대체 누구의 잘못이지? 내가 뭔가 잘못하고 있나? 왜 나에게는 평범한 삶이 허락되지 않는 걸까?' 또다시 자책의 늪으로 빠졌습니다.

그 즈음 아니 그보다 더 전부터였던 것 같습니다. 모른 척하고 부정했을 뿐… 절대로 평범한 삶을 살아가는 사람에게는 일어나지 않을 것만 같은 일이 저에게는 또 일어났습니다. 아버지가 알코올 의존이 심해져서 술로 자신의 몸을 해치고 계셨습니다. 객지에서 직장생활을 해서 잘 몰랐습니다. 술을 과하게 좋아하신다고만 생각했지 알코올에 대한 의존이 그렇게 심하신 줄은 몰랐습니다. 어쩌면 외면하고 있었던 건지도 모르겠습니다. 그렇게 아버지는 스스로 자신의 건강을 해치다가 어느 날 갑자기 하늘나라로 가버리셨습니다. 자식들이 임종을 지키지도 못하게 혼자 계시다 돌아가셨습니다.

그런데 이상하죠? 아버지가 돌아가신 것은 너무 슬픈데 마지막을 함께하지 못해 너무나 죄송한데⋯ 마음이 편안했습니다. '또 술 드시고 계신 것은 아닐까?' 하는 불안한 마음이 사라지니 마음이 편안했습니다. 그러면서 동시에 불편했습니다. 아버지가 돌아가셨는데 마음이 편하다니 말이죠.

그렇게 제 마음 저 깊은 곳에서부터 죄책감이 올라왔습니다. 아버지가 돌아가셨는데 마음이 편안하다니 내가 마치 미친 사람 같았습니다.

난 그저 평범하게 살고 싶었을 뿐인데 뭐하나 평범하지 못할 뿐만 아니라 심지어 아버지가 돌아가셨는데 마음이 편안하면서 죄책감이 느껴지는 이 현실이 너무나 저를 미치게 만들었습니다. 잠자리에 누워 있으면 아버지 생각과 더불어 몸서리쳐지는 죄책감이 저를 옥죄었습니다.

평범하고 싶어서 딴에는 튀는 행동도 하지 않고 살아왔는데 아무리 발버둥쳐도 평범한 삶은 허락되지 않았습니다. 끝을 알 수 없는 '불행'이라는 무한루프에 갇힌 기분이었습니다.

그러나 이제는 많이 평범해졌습니다.

집에 놀러온 친한 동생이 저에게 "언니! 정말 행복해 보인다. 표정이 참 편안해 보여" 라고 말합니다. 사랑하는 남편은 여전히 저를 존중해주고 우리는 서로를 신뢰합니다. 앞선 두 번의 유산 후 어렵게 얻은 쌍둥이 딸들 덕분에 '엄마'가 되어 가슴 벅찬 날들을 보내고 있습니다. 처음 입사할 때만 해도 주위에서 왜 그런 시골로 가려고 하느냐고 '만류'의 굴욕을 당했던 회사는 이제 남들이 부러워하는 안정적인 직장이 되었습니다. 친구들은 직장의 네임밸류를 떠나서 여전히 일을 하고 있는 저를 많이 부러워합니다. 제 생각에 회사에서도 업무적으로 인정받고 있는 것 같습니다. 동료들과 함께 일하는 것이 즐겁고 재미가 있습니다. 또 수도권에 마련한 내 집에서는 친정엄마를 모시고 함께 살 수 있게 되었습니다. 대출이 대부분을 차지하긴 하지만 투자를 통해 임대수익도 올리고 있습니다. 그러고도 여력이 있어서 가치를 중심으로 주식투자도 하고 있습니다. 주말이면 아이들은 내 옆에서 조잘조잘 하루 종일 떠들고, 같이 여행도 다니고, 쇼핑도 다니고 여느 40대 부부의 평범한 가정이 이런 모습이지 않겠냐 할 정도로 전 평범하게 그리고 행복하게 살고 있습니다.

그런데 언젠가부터 불안함이 느껴졌습니다. 초조하기도 하고, 한편으로는 공허한 느낌도 들었습니다. 내가 잘 살고 있는 건가? 이 평온함이 이 행복함이 갑자기 깨지는 것은 아니겠지? 내 삶이 이렇게 평범하게 평탄하게 흘러갈 일이 없는데? 뭔가 좋지 않은 일이 생길 것만 같은, 곧 무슨 일인가 터질 것만 같은 불안함이 계속계속 피어올랐습니다. 가끔은 수능 시험을 앞두고 있는 수험생처럼 가슴이 쿵쿵 뛰어서 심장병인가 싶기도 할 정도였습니다.

다시
불안해졌습니다

어렵게 가진 내 아이들을 따뜻한 가정에서 정말 잘 키우고 싶었습니다. 정서가 안정된 아이로, 불안감이 없는 아이로, 긍정 기운으로 주위를 밝히는 그런 아이들로 키우고 싶었습니다. 그래서 경력을 잠시 멈추고 장기간의 육아휴직을 결정했습니다. 그러나 육아라는 것, 한 생명의 성숙한 부모가 된다는 것은 참으로 어려운 일이더군요.

매일매일 '아, 이래서 어른들이 아이를 낳아야 진짜 어른이 된 거라고 했나?' 생각했습니다. 아이는 생각 이상으로 저에게 행복감을 주었습니다. 이 세상에 존재하지 않을 것만 같던 환희, 기쁨, 행복 덕분에 정말 아이가 없었으면 어떻게 할 뻔했냐고 남편이랑 수도 없이 이야기했습니다.

그러나 집에서의 생산자의 삶, 가정주부로서의 역할은 "내가 정말 좋은 인간인가?" 라는 원초적인 질문을 하게 만들었습니다. 아이가 밥을 안 먹고 낮잠도 안 자던 어느 날은, 무슨 영문인지도 모르는 아이에게 화를 내고는 '나 원래 이렇게 엉망인 사람이었나?' 자책을 했고, 매일 밤 맥주 한 캔으로 여느 주부들이 겪는 우울증을 달랬습니다.

덕분에 출산한 지 2년이 되도록 "임신했냐"는 이야기를 들었습니다. 그렇게 집에서의 삶은 표 나지 않는 일의 연속, 그 누구도 성과라고 인정해주지 않는 일의 연속이었습니다. 아! 가끔 길에서 만나는 할머니들이 인정해주더군요. 하나도 힘든데 둘을 어찌 혼자 키우냐고 응원의 말씀을 아끼지 않으셨죠. 그럴 때면 어깨가 으쓱했습니다. 지금 내가 하고 있는 일, 내 아이를 낳은 일, 내 아이를 직접 키우고 있는 이 일은 내가 태어나 가장 잘한 결정이다 라며 저를 스스로 다독였습니다.

아이를 내 손으로 더 키우고 싶었지만 여러 상황들이 허락하지 않았습니다. 어느 날 갑자기 아버지가 돌아가시고 지방에 혼자 계시던 엄마는 삶이 공허한지 우울해하셨습니다. 지금 생각해보면 그 즈음 우리 가족들은 다들 죄책감에 시달리고 있었던 것 같습니다. 아버지가 혼자 계시다 돌아가셔서 어느 누구도 아버지의 마지막을 함께하지 못한 죄책감, 더 나아가 아버지의 마음을 헤아려주지 못함에 대한 죄책감까지 말입니다. 엄마는 당신이 더 희생했어야 했다고 생각하시는 것 같았습니다.

제가 보기에 엄마는 하루하루를 겨우겨우 견디고 계셨습니다. 전화통화로 "식사하셨어요?" 하면 힘없이 "어, 라면 먹었다" 라는 엄마의 대답이 듣기 싫어 죽을 것 같았습니다. 이 엄마가 일부러 나한테 이러나 싶어 화도 냈습니다. 그러나 나는 금쪽같은 내 새끼가 옆에서 부비부비라도 해주지만 혼자 지방에 계신 엄마는 얼마나 외로울까 싶었습니다.

회사도 그랬습니다. 아이들과 떨어지기 싫어서 그만둘까 고민했지만 당장 그만둘 자신이 없었습니다. 다양한 이유들 중에서도 회사에서 1년에 한 번 제공해주는 건강검진이 그리 아깝더라고요. 내가 회사 그만두고 애 키우다 암 걸린 것 모르고 지나가면 어쩌지? 내가 아프면 우리 아이들은 어쩌나? 하는 말도 안 되는 생각들이 계속 이어졌습니다.

남편과 상의했습니다. 안정적인 직장을 쉽게 그만둘 수도 없었거니와 돈도 더 벌어야 했고, 엄마를 집으로 모셔서 우울할 틈이 없게 일을 드려야겠기에, 워킹맘의 길을 선택했습니다.

아직도 이러한 결정을 지지해준 남편에게 너무나 고마울 따름입니다. 아내가 없는 집에 장모와 살면서 육아를 해야 하는 것이 쉬운 일은 아니었을 텐데 말이죠.

그렇게 임신기간을 포함해 총 2년 10개월의 육아휴직을 끝내고 회사에 복직했습니다. 다시 시작하는 일에 대한 두려움과 기대감이 교차했습니다. 그러나 막상 복직을 해보니 뭐랄까? 참 외로웠습니다. 이런 경우를 경력 단절이라고 할 수 있을지 모르겠으나 오랫만에 복직하니 입사동기들뿐 아니라 후배들도 다 승진을 했더군요. 그리고 업무도 손에 익지 않아서 상사로부터 "언제 적응하려나" 하는 걱정의 말까지 들었습니다. '내가 있어야 할 곳이 여기가 맞나?' 하는 의문도 들었습니다.

경력 단절 뿐 아니라 인맥 단절까지 겪어야 했습니다. 친하게 지내던 동료들은 다 어디로 가버렸는지 새로운 인물들이 많았고 서로 의지하던 여자 동료들은 육아휴직을 들어갔거나 다른 부서로 전배가 되어 아는 이가 많지 않았습니다. 후배들은 많이 들어왔으나 나와 교류점이 없었고, 선배들은 또 그들대로 이미 네트워크가 형성되어 있어서 저는 저 끝 어디쯤에 혼자 있는 듯한 느낌이었습니다. 점심이나 저녁 퇴근 후 함께 밥 먹을 사람, 복잡한 마음을 나눌 사람이 없더군요.

더 큰 문제는 아이들이 보고 싶어 미칠 것 같은 날들의 연속이었습니다. 퇴근 후 기숙사에서 잠들기 전에 울고 아침에 일어나 눈물을 훔치는 날들이 이어졌습니다. 대체 누구의 행복을 위해서 난 여기에 있나 하는 생각이 들었습니다. 가족 어느 누구에게도 만족스런 삶이 아닌 것 같았습니다. 또 그런 생각이 들더군요. '아, 평범하기 힘들다.'

볕 좋은 여름이었지만 마음은 마치 막 추워지기 시작하는 늦가을 같았습니다. 그러다 진짜 가을이 되었습니다. 스산한 바람이 불기 시작하니 마음이 더 조급해졌습니다.

'이러다 회사에서 퇴출되겠다. 잉여인력이 되겠다. 정말 인생의 낙오자가 되는 것은 아닐까?'

뭔가 변화가 필요했습니다. 뭐라도 해야 했습니다. 이대로는 안 되겠더라고요. 무엇보다 바닥을 친 내 자존감을 회복해야만 했습니다. 그때부터 소규모로 진행되는 강의를 찾아서 듣고 다녔습니다. 이미지메이킹 강의도 듣고, 시간관리 강의도 들으며 '분명 나를 위한 무엇인가가 있을 거야' 여기저기 기웃거렸습니다. 그렇게 붙여진 조각들이 저를 '1년 살기' 모임으로 이끌었습니다. 내 인생에 다시없을 '1년 살기'가 시작되었습니다.

'1년 살기'를
만났습니다

'1년 살기' 모임에 처음 나간 건 2019년 2월 첫 번째 주 토요일이었습니다.

성장을 응원하는 모임에 대한 갈구였다고 포장하고 싶습니다만 사실 모임을 찾게 된 데는 여러 유치한 이유들이 있었습니다. 당시 저는 가족과 떨어져 있고, 회사에서의 포지션도 마땅치 않고 등등의 핑계로 회사를 너무 그만두고 싶었습니다. 변화가 필요하다는 명목이었지만 그 변화는 사실 퇴사를 의미했습니다.

전업주부로 사는 엄마들의 삶이 궁금했습니다. 그리고 기존 경력을 정리하고 새로운 일을 찾은 여자 사람들의 이야기가 궁금했습니다. 더 리얼하게는 뭐하면서 먹고사는지 궁금했습니다.

먹고살 만한지 궁금했고, 아이 키우며 소일거리로 할 만한 것이 없는지 등 그런 정보가 궁금했습니다. 지금 돌이켜 생각해보면 동지애를 느낄 사람들이 필요했고, 이야기를 나누고 공감받을 사람이 필요했던 것이 아닌가 싶기도 하지만 순수한 의도 외에도 여러 이유로 찾게 된 것이 사실입니다.

그러나 매달 첫 번째 주 토요일마다 '1년 살기' 모임에 참여하면서 처음 의도한 순수하지 못한 이유는 잊혔습니다. 도리어 내가 가진 불안함의 원인을 찾게 되었습니다. 그 불안함의 원인은 이미 나의 목표가 달성되었다는 데 있었습니다.

평생 '평범'을 목표로 살아온 덕분인지 나 스스로가 인정하는 평범하면서도 만족스런 삶을 살게 된 것입니다. 이제 내가 달성해야 할 목표가 없어졌고, 목표를 통해 가야 할 목적지가 없어졌습니다. 그래서 불안했던 것이었습니다. 동시에 저는 '나를 너무 평범한 사람으로 만들어버렸구나'라고 생각했습니다. 저에게는 이제 새로운 목적지와 그 목적지를 가게 해줄 목표가 필요했습니다. 그리고 목적지를 정하기 위해서는 내가 무엇을 좋아하는지, 내가 무엇을 잘하는지, 내가 무엇을 할 때 행복한지 등 나에 대해서 알아야 했습니다. 평범해지기 위해 애써 외면해왔던 비범한 나 자신의 본질을 찾아야 했습니다. 이러한 사실을 깨닫게 된 것은 모임에서의 개인발표를 준비하게 되면서였습니다.

1년 살기 모임에는 개인별 발표 기회가 있습니다.

2019년 7월, 제가 발표를 하는 달이었습니다. 그날따라 독립잡지사 〈언니네 마당〉에서 기자님이 취재까지 오신다고 하더군요. 1년 살기 멤버들만 있다고 해도 사람들 앞에서 내 이야기를 하기가 쉽지 않은데 또 다른 누군가라니… 사람들 앞에서 무슨 이야기를 해야 할까? 고민이 시작되었습니다.

2월부터 6월까지, 이제 고작 5개월 동안 1년 살기 모임에 동참했는데… 한 번은 사정이 있어서 빠졌으니 겨우 네 번 참석했을 뿐이었습니다. 무엇을 해야 할지, 내가 누구인지도 모르겠고, 더욱이 내가 왜 여기에 나오고 있는지조차 확신이 들지 않는 상태였죠. 지리지리한 나의 개인사를 이야기해야 하나? 창피한데? 뭐 굳이 날 적나라하게 드러낼 이유가 있을까? 오만 가지 생각에 머리가 복잡했습니다.

그럼에도 그날 발표할 원고는 2주 전에 완성했습니다. 나의 지난날과 현재의 모습, 앞으로 내가 1년 살기를 통해 찾고자 하는 것들에 대한 이야기를 엮었습니다. 앞에서 풀어드린 저의 이야기, 바로 평범하게 살아가는 것이 목표였던 내가 그 목표를 이뤘고 이제는 비범한 모습을 다시 찾아가겠다는 것이 주요 내용이었습니다. 간단히 PPT도 만들었습니다.

그래도 고민은 계속되었습니다. 준비한 내용대로 갈지, 아니면 일부를 빼고 갈지, 그것도 아니면 다른 발표 자료를 만들지 전날 저녁까지 고민 또 고민했습니다. 심지어 모임 당일 아침에는 '오늘 일이 있어서 못 간다 할까? 아이가 아프다 할까? 연락 없이 빠질까? 그러면 다시는 못 나가겠지? 여전히 난 이방인이겠지? 그리고는 불안의 늪으로 풍당 빠져 영원히 헤어나오지 못하겠지?' 꼬리에 꼬리를 문 질문들이 머리를 감는 동안에도 계속되었습니다. 에라 모르겠다! 정말 그런 심정이었습니다. 일단 가자! 가서 말할지 말지 결정하자 라며 집을 나섰습니다.

드디어 나의 발표 시간. 아마도 걸어 나가면서 까지도 준비한 원고대로 해야 하나 말아야 하나 고민했습니다.

그리고 "아직도 모르겠습니다. 이 이야기를 해야 할지" 라며 입을 뗀 것 같습니다. 그러나 떨리는 목소리로 준비한 이야기를 빼먹지 않고 다 했습니다. 다만 정말 아무 일 아닌 양 담담하게 읽어 내려가고 싶었는데 저의 발표에는 신파극 마냥 눈물까지 곁들여졌습니다.

그런데 이상하죠. 나만 울고 있는 게 아니었습니다. 몇몇 분들이 울고 계시는데 그 모습이 왜 저에게 위안이 되었던 걸까요? 말하기 시작하면서 더 용기를 얻었습니다. 함께하고 있는 멤버들의 눈빛이 저를 응원하고 있음을 느꼈습니다.

참으로 신기한 경험이었습니다. 저의 개인발표 시간이 끝나고 난 후 멤버 한 분(이 책의 공동저자이기도 합니다)은 배고파서 빵을 한 입 베어 물다가 저의 발표 시작과 동시에 울컥하고 울었다고 하셔서 한참을 웃기도 했습니다.

발표를 마친 저는 내가 참 열심히 살아왔음을 인정받은 느낌이 들었습니다. 앞으로는 비범한 나의 모습으로 살아가야겠다고 느낀 시간이었습니다. 발표 전 고민에 고민을 거듭하던 저의 마음은 발표가 끝나고 나니 "나의 이야기가 단 한 사람에게라도 힘이 되었다면 그걸로 된 거다. 그게 내가 말하고자 하는 것이었고, 앞으로 내가 하고자 하는 것이기도 하다" 라고 정리가 되더군요.

블로그에도 그렇게 후기를 남겼습니다. 그날 저녁 집에서 이불 킥을 했냐고요? 네, 했습니다. 그날 이후로 여러 번 이불 킥을 했습니다. '괜히 이야기했나? 게다가 눈물까지 흘리며…' 라며 이불을 수도 없이 걷어찼습니다. 그러나 멤버들이 저에게 주신 피드백을 보면서 힘을 냈습니다.

오늘 발표 서사와 클라이막스가 있는 역시 홍보하시는 분 다운 발표 같았어요. 멋졌어요. 이야기 들려주셔서 감사합니다.

- 하얀눈썹

발표로 나눔해주셔서 너무 감사해요. 더 가까워진 느낌 더 친해지고 싶습니다. 오늘 발표자분들 진짜 최고였습니다!!! 다음 발표자분들 부담될까 봐 당분간 발표는 없는 걸로 ㅎㅎ

- 퀸스드림

오늘 발표 해주신 분들께 진심으로 감사의 말씀드려요. 한분 한분의 발표가 잊고 있던 저의 과거에 대한 회상과 현재 하는 고민의 답도 찾을 수 있는 의미 있는 시간이었습니다.

- 헬렌

그후로, 코로나19 발발 전까지, 매달 첫째 주 토요일 강남역의 모처에서는 울음이 한 번씩 터지는 발표들이 이어졌습니다. 울면서 공감하고, 울면서 치유 받는 이상한 시간입니다. 정확하게 설명하지는 못하겠습니다. 그 시간, 나의 개인적인 이야기를 통해 그리고 다른 이의 이야기를 통해 다들 마음속의 답답함을 털어버리며 응원 받고 또 한 뼘 성장하나 봅니다.

그 시간이 얼마나 감사한지 모릅니다. 그날의 발표 이후 저는 여러 가지 도전에 두려워하지 않고 저의 비범함을 찾아가고 있거든요.

말하는 대로,
생각한 대로

20년 전쯤, 대학생 때였습니다. 가깝게 지내던 지인에게 라디오나 TV에서 좋은 여행지를 소개하는 일을 해보고 싶다고 말한 적이 있습니다. 경험의 스펙트럼이 넓지 못해서인지 내가 말을 하면서도 그러한 일을 하는 직업이 어떤 것인 줄 몰랐습니다. 그냥 막연히 그런 생각을 했던 거였죠.

그런 비슷한 일을 하는 직업으로 여행기자, 여행활동가, 여행작가 또는 방송국의 리포터를 들 수 있겠네요. 저는 오랫동안 리조트 기업에서 말과 글로 기업을 설명하고 홍보하는 일을 했습니다. 회사 인근의 관광지와 연계해 홍보자료를 작성하고, 언론사와 종종 인터뷰도 했습니다. 그 언젠가 지인에게 말했던 일과 어느 정도 관련 있는 일을 한 셈입니다. 처음부터 홍보가 저의 직무는 아니었습니다. 호텔리어로 일을 시작한 저는 우연한 기회에 홍보팀으로 발령을 받고 이 업무를 10년 넘게 했습니다. 심지어 관련 학과를 전공한 것도 아닌데 말이죠.

대학생 시절 지인에게 했던 그 말이 최근에 떠올랐습니다. 갑자기 기억이 나더라고요. 정말 말하는 대로 되는 걸까요?

'1년 살기'에 처음 문을 두드렸던 그날, 이 모임의 리더인 퀸스드림님은 비전보드를 준비해 와서 약 5분 정도 멤버들 앞에서 발표를 해야 한다고 미션을 주더군요.

'비전보드? 그게 뭐지?' 인터넷을 찾아보니 대략적으로 되고 싶은 모습, 원하는 일, 원하는 이벤트 등을 이미지화 해놓은 판이었습니다. '아! 나 이런 거 좋아해. 한번 해보고 싶었어' 라고 생각하며 신나게 만들었습니다. 내가 원하는 것들에 대한 이미지를 찾고 배치해 가면서 그렇게 되었을 때를 상상해보는 과정은 참 즐거웠습니다. 심지어 너무 많은 내용을 넣고 싶어져서 취사선별이 필요했습니다. 그냥 이건 꼭 해보고 싶어! 라고 생각되는 것을 몇 가지 추렸습니다. 관련된 이미지를 찾고 파워포인트를 이용해 이미지들을 편집하고 배치해 넣었습니다.

그 비전들은 지금 제 책상 앞 벽에 세워진 보드에 붙어 있습니다. 거기에는 날씬한 연예인의 뒷모습, 아름다운 전원주택, 세바시에서 강연하는 김미경 강사님, 인기 팟캐스트인 '송은희&김숙 비밀보장'과 같은 이미지들이 있습니다. 그리고 책이 쌓여 있는 서재와 유명인의 책출간 기념 사인회 사진도 있습니다.

얼마 전부터는 여행육아 팟캐스트 〈여행으로 준비하는 초등입학〉을 공동 진행하고 있습니다. 인터넷 라디오 DJ가 된 거죠. 정말 신기하지 않나요? 제가 팟캐스트를 하겠다고 먼저 준비에 나선 것도 아닙니다. 모임의 퀸스드림님과 순간님의 제안으로 프로젝트에 합류하게 된 거죠.

우리는 좋은 콘텐츠를 청취자들에게 전달하기 위해 노력하고 있습니다. 〈송은희&김숙 비밀보장〉, 〈지적 대화를 위한 넓고 얕은 지식〉 등 인기 팟캐스트를 듣기만 하던 제가 팟캐스트 진행자가 되어 콘텐츠를 고민하고 창작자의 삶을 살고 있다는 사실이 가슴 벅찹니다. 예전부터 저의 목소리가 좋다며 라디오 DJ 하면 참 잘할 텐데 라고 가끔 말하던 남편도 저의 이러한 도전을 좋아해주고 응원합니다. 이 얼마나 살 만한 삶인가요.

지난해는 "튀지 말자 평범하자. 단, 내 일은 확실히 하자"가 가장 큰 모토였던 저의 직장인으로서, 조직인으로서의 삶에 있어서도 큰 변화가 있었던 해였습니다. '사내강사'에 도전했습니다. 회사의 폭력예방교육 사내강사에 도전해 인터뷰와 시범강의 등을 거쳐 실습생들, 신입사원들을 대상으로 성인지감수성과 연결한 성희롱예방교육을 하고 있습니다.

2003년에 입사해 지금까지 직장생활을 이어오면서 여성 직장인, 남성 직장인 서로가 느끼는 불편함, 차이를 이해하지 못해 하게 되는 오해들, 그 너머 우리가 반드시 생각해봐야 할 불편한 진실들에 대해서 차근차근 감정을 섞지 않고 설명해보고 싶다고 생각한 적이 있었는데 이 또한 이뤄졌습니다. 물론 비전보드에 있는 김미경 강사님처럼 유명한 강사도 아니고, 세바시처럼 불특정 다수를 초청한 큰 무대의 강연은 아니지만 사회생활을 앞둔 빛나는 청년들 앞에서 모두가 평등한 사회를 위해서는 성인지감수성을 예민하게 가져야 한다고 설득하듯 말하는 것은 마치 강연 같기도 합니다.

최근 퀸스드림님은 저에게 CBS TV의 강연프로그램인 세상을 바꾸는 시간, 15분(세바시) 대표PD의 명함 이미지를 카카오톡으로 보내며 "도전하실 거죠?" 라며 기분 좋은 푸시를 하고 있습니다. 조만간에 세바시 무대에 서서 사람들의 마음을 움직이는 강연을 할 날이 올 것 같습니다.

그리고 저는 지금 '1년 살기' 멤버들과 공저로 책 출간을 위해 이 글을 쓰고 있습니다. 바로 여러분이 들고 계신 이 책입니다.

요즘은 그런 생각이 듭니다. 방황하고 혼란스러웠던 지난 날, 그 과정을 건너오기 위해 내가 했던 여러 가지 일들이, "내가 대체 뭐하고 있지? 이거 맞나?" 라고 했던 수많은 질문들이 헛된 게 아니었구나 하고 말이죠.

퍼스널브랜딩그룹 에뮤의 대표이자 작가인 조연심님은 한때는 영어 선생님이었고, 경력단절을 거쳐 학습지 교사, 교육 컨설팅회사의 CEO, 기획자이기도 했습니다. 쌓아온 지난 커리어들이 소용이 없는 것이 아니었다고 말하는 조연심 작가는 책 《과정의 발견》에서 뻘짓을 통해 새로운 기회를 만들었다고 말합니다.

뻘짓과 딴짓으로 찾게 된 각각의 재능이 '시장에서 거래할 수 있는 기술'로 훈련되어 정점에 다다를 때까지 시간이 걸린다는 것을 알고 나자 나는 조급할 이유가 없어졌다. 다른 사람들이 뛴다고 무작정 뛸 필요가 전혀 없었다. 각각의 직업에서 최고의 순간을 만들기 위해 나는 내가 설계한 나의 과정을 지나고 있다.

- 조연심 《과정의 발견》 중에서

딴짓과 뻘짓도 결국은 나의 과정이 됩니다. 내가 대체 뭘 하고 있는 거지? 이 방향이 맞나? 라는 의문이 들어 시도조차 해보지 않은 수많은 기회들이 버려졌다는 생각이 들었습니다. 그래서 비범한 나로 돌아가는 길은 결국 현재의 딴짓과 뻘짓일 것 같다고 결론 내렸습니다. 그리고 그 생각으로 달려온 1년이었습니다.

예전이라면 도전하지 않았을, 누군가는 '뻘짓'이라고 치부할지도 모를 사내강사에 도전했고, 주말에는 가족과 보낼 시간을 쪼개어 팟캐스트를 녹음하는 '딴짓'을 하고 있습니다. 그러다 보니 말하는 대로 생각한 대로 여러 가지 일들이 이루어지고 있습니다.

지인들이 "너의 그 열정은 어디서 나오냐?"고 물어봅니다. "대단하다"고 엄지손가락을 치켜세워 주기도 합니다. 지금도 그렇지만 원래도 저는 '대단한' 사람이 아니었습니다. 저는 단지 잊고 있던 저의 '비범함'을 찾아가고 있는 중입니다. 저는 또 다른 내 인생에 다시없을 1년 살기를 하고 있습니다.

또 다른 1년을 살아낸 후 저는 얼마나 달라져 있을까요? 비전 보드의 이미지를 다 이루고 다른 이미지들로 교체하고 있을까요? 어쩌면 현재 저를 설명하는 껍데기는 변하지 않을 수도 있습니다. 살도 여전히 빼지 못한 채 계속 계획만 세우고 있다거나, 다니고 있는 직장도 그대로일 가능성이 높습니다.

하지만 저의 내면 만큼은 지금보다 훨씬 많이 바뀌어 있을 거라 확신합니다. 그리고 나 자신을 믿는 마음은 더 확고해져 있을 거라 확신합니다. 저는 비범한 사람이니까요.

프로 지각인생러의
모임 적응기

나에게 맞는 모임을 어떻게 만나게 되었는지를 말해보고 싶습니다. 제가 참여하고 있는 '내 인생에 다시없을 1년 살기' 모임이 누구에게나 최고는 아닐 것입니다. 사람마다 자기에게 맞는 모임이 있을 거니까요.

저는 항상 남들보다 늦은 '지각 인생'을 살아왔습니다. 지각 인생의 시작은 대학입학부터였습니다. 고등학교 졸업 후 처음 입학한 대학교를 계속 다닐 수 없는 사정이 생겨서 자의반 타의반으로 삼수생이 되었습니다. 23세에 새롭게 입학한 대학을 세 살 어린 동기들과 함께 다녔습니다. 속도를 내어 조기졸업도 하고 졸업 전 취업에 성공했음에도 다른 사람들보다 늦은 취업이었습니다. 당시 입사동기가 100여 명이었는데 여자 입사동기 중에서는 딱 한 명을 빼고는 제가 나이가 가장 많았습니다.

회사에서의 승진 역시 느리기만 합니다. 회사 자체가 워낙 인력적체가 심하기도 하지만 실력이 부족했거나 또는 운이 나빴거나 또는 상황이 좋지 못했거나 등의 이유들로 '대리' 직급만 10여 년을 넘게 이어왔습니다. 너 아니면 누가 승진하냐고 동료들이 입을 모았지만 올해 승진심사에서도 보기 좋게 낙방했습니다. 창피하지만 그렇습니다.

그럼, 결혼이라도 빨랐을까요? 아니요! 저도 준비가 되지 못했지만 지금의 남편도 공무원 시험공부를 오래 하느라 저희는 둘 다 30대 중반이 되어서야 결혼했습니다. 아이도 바로 생기지 않더라고요. 두 번의 아픔 후 마흔 직전에 사랑스런 아이들이 태어났습니다. 남들보다 늦게 가고 있는 인생에 조바심이 난 적이 많습니다. 마음이 넉넉지 못한 날에는 스스로 자책하며 더 힘들어하기도 했습니다.

저는 지금도 여전히 지각인생을 살고 있습니다. 제 주위에는 중고등학교를 함께 다닌 친구들도 있지만 그 이후 더 많은 시간을 저보다 어린 사람들과 함께하고 있습니다. 대학 동기들은 다 저보다 어립니다. 아이라는 매개체로 새로운 소통의 무리가 되는 조리원 동기들도 거진 다 동생입니다. 어린이집 엄마들도, 유치원 엄마들도 동생이고 어디를 가나 저보다 어린 친구들뿐입니다. 그나마 지각인생을 예전부터 살아오고 있어서 나름 젊은 생각으로 살아가고 있다고 자부합니다만 이상하게도 나이가 들수록 인간관계가 힘이 듭니다.

솔직히 어린 사람들과 어울리는 것이 쉽지 않습니다. 가끔은 그들의 열정이 부담스럽기도 하고, 또 더 가끔은 그들이 열정적으로 내뱉는 말이 우습게 들릴 때도 있습니다. '세상을 너무 모르네'라고 치부해버리고 싶은 욕망이 올라올 때도 있습니다.

회사에 복직한 후 한참 불안함에 헤매고 있을 때에 이런저런 강의를 들으러 다니고, 작은 모임에도 참여해봤지만 그 사이에 끼일 수가 없었습니다. 보통 그런 소모임 강의, 독서모임에 나오는 구성원이 거의 30대 초중반 엄마들이 많았거든요. 여자들이 결혼 전 혼자일 때와는 다르게 아이를 낳고 난 후에 새롭게 펼쳐지는 두 번째의 삶과 미래에 대한 걱정이 그들을 모임으로 이끄는 것 같아 보입니다.

직장에서 보면 동료 여자 직원들이 서른즈음에 결혼을 많이 합니다. 출산과 육아시기를 자연스레 겪으며 빠르면 30대 초반, 늦어도 30대 중반 즈음에는 자신의 삶을 절로 돌아보는 시간을 가지는 것 같습니다. 아이를 통해 철학자가 되어가나 봅니다. 저에게 있어서 그 시기는 마흔이 넘어서였습니다. 어디를 가나 큰언니뻘입니다. 성격 탓인지 모임에 자연스럽게 어울리지 못하고 어색하기만 했습니다. 여러 사정이 있었지만 모임에 두세 번 이어서 나가기가 쉽지 않았습니다. 요즘의 소규모 강의들은 소통이 기본으로 함께 진행되다 보니 카카오톡 단체 톡방도 운영되는 모임들이 많은데 거기서 무엇을 말해야 될지 그냥 눈팅만 해도 될지 등등 뭐하나 시원하게 맘 편한 적이 없었습니다.

'1년 살기' 모임에는 저랑 비슷한 연배의 멤버들이 꽤 있습니다. 그리고 저보다 훌쩍 나이가 많은 분들도 있습니다. 동시대를 살아온 이들과의 공감, 그리고 큰언니들에게서 듣는 삶의 지혜까지, 솔직히 말하면 그 점이 처음 적응하는 데 큰 도움이 되었습니다. 그러나 제가 모임에 적응할 수 있었던 진짜 이유는 따로 있었습니다. '먼저 말 걸기' 방법 덕분이었죠. 기존 멤버들은 이미 대화상대가 있었지만 새로 오신 분들은 대화상대가 없으니 그 분들을 주로 공략했습니다.

"반갑습니다. 처음 오셨죠? 어색하시죠? 아침에 나오기 힘드셨죠? 어디서 오셨어요? 저도 참석한 지 얼마 되지 않아서 어색해요. 하지만 괜찮아지실 거예요."
그랬더니 저도 대화할 사람이 생기고 모임의 시간이 덜 어색했습니다. 지난 연말 멤버들이 작성해준 롤링페이퍼에 하얀눈썹님은 저에게 이런 글을 주셨습니다.

첫인상도 좋으셨지만 저는 맑음님이 새로 오신 분들께 먼저 다가가서 이야기를 나누는 모습이 정말 인상 깊더라고요. 저는 낯도 가리지만 먼저 다가가는 일을 잘 못하는 편인데 배우고 싶었어요. 아마 회사에서도 후배들에게 포용력 있는 모습을 보여주시지 않을까 생각해봅니다.

딱 들켰네요. 제가 새로 오신 분들을 공략하고 있었다는 것을요. 지난해 12월부터 모임에 합류하신 제니스토리님의 2월 모임후기 글 중 한 문장을 보고 불과 1년 전 제 모습이 떠올랐습니다. "1년 살기 모임에 참석하고 있습니다. 아직은 이방인처럼 완벽히 스며들지 못한 듯하지만… 차차 적응되겠죠? 이미 결속된 조직에 첫 발을 딛는 느낌은 평생 경험해야 할 일이잖아요."

저는 이 문장에서 "맞아! 딱 이 느낌이야!" 라고 육성으로 공감했습니다. 처음 1년 살기 모임에 다녀온 후에 그런 생각도 했습니다. 엄마가 되더니 사회성이 떨어졌나? 내가 애초부터 성격에 문제가 있었나? 내가 이렇게 낯가림이 심한 사람이었나? 등등 말이죠. 어쩌면 모임에 나가지 말아야 할 이유들을 찾고 있었던 것 같습니다. 솔직히 고백하자면 이런 생각과 느낌들은 처음으로 모임에 나간 날 이후로도 오랫동안 지속되었습니다.

그런데 이런 느낌과 감정, 생각들이 비단 1년 살기 모임에 나오는 저를 포함한 우리 멤버들의 이야기만은 아닐 것입니다. 여러분도 어느 모임을 나가도 저런 생각이 들 겁니다. 제니스토리님은 "시간이 흘러야 함이 당연한 일이지요"라고 스스로 답을 하셨습니다. 그게 정답이라고 감히 말해봅니다. 적응할 시간이 필요합니다.

1년이 훌쩍 지난 지금도 여전히 어색한 느낌이 있습니다. 집이 인근이라든지 등의 이유로 개인적 친분이 더 쌓인 다른 멤버들을 보면서 또 이상야릇한 기분이 들기도 합니다. 하지만 나는 나만의 방식으로 나만의 속도로 1년을 살고, 멤버들과의 시간을 보내고 응원할 것입니다. 그게 맞는 것 같습니다.

다른 모임도 마찬가지일 겁니다. 내가 만들고 이끌지 않는 이상 만들어져 있는 모임에 들어가면 똑같이 겪어야 하는 상황입니다. 자꾸 마음이 흔들릴 때는 내가 처음에 왜 모임을 갈구했는지 잘 생각해보십시오. 그리고 나만 그런 게 아닙니다. 내 옆 사람도 같은 감정일 가능성이 높습니다. 내가 먼저 용기 내어 옆 사람에게 말을 걸어보는 것은 어떨까요?

제가 공동으로 진행하고 있는 여행육아 팟캐스트에 여행활동가이자 작가이신 이희경님을 초대해 말씀을 나눈 적이 있습니다. 이희경 작가님은 딸의 학교생활에 대해 이야기하며 딸이 집안 어른들에게는 인사를 잘 안 해서 걱정이 많았는데 알고 보니 친구들이랑은 잘 지낸다고 하면서 그 비법은 '먼저 건넨 한마디'라고 하시더군요. "너 숙제 했어?" 이 한마디.

우리도 모임에 가면 누군가 먼저 말 걸어주면 그게 그렇게 고마울 수가 없습니다. 변화하고 성장하기를 결심하고 모임에 나가셨다면 먼저 말을 걸어보는 것은 어떨까요?

"안녕하세요? 처음 오셨죠?"

"제가 오늘 처음입니다."

"어떻게 알고 오셨어요?"

'함께'의 힘

제가 그랬듯 소통하고 싶은 이들을 찾아, 나를 응원하고 지지해줄 이들이 모여 있는 모임을 찾아, 헤매고 있는 분이 분명 있을 거라고 생각합니다. 여기가 좋을까 저기가 좋을까 기웃기웃하고 계신가요? 어디 한 곳 적응하거나 정착하기가 쉽지 않으신가요? 아니면 이미 지쳐서 포기하셨나요?

하지만 나에게 맞는 모임을 찾아 헤매는 노력을 게을리하지 마세요. 포기하지 마세요. 저처럼 분명 나에게 맞는 모임이 분명 있습니다. 물론 그 과정에서는 비용도 분명히 듭니다. 월 수익의 일정부분을 자기계발 비용으로 빼두고 그 비용을 아까워하지 마세요. 그 비용이 언젠가 수익으로 되돌아온다고 말씀 드리는 건 아닙니다. 놔두면 고름이 될 수도 있는 마음의 병을 치유하는 병원비라 생각하셔도 될 것 같습니다.

저는 매월 첫째 주 토요일 '1년 살기' 모임에 참석하고 오면 그 한 주에는 몸과 마음이 많이 가볍습니다. 가족들을 더 아끼고 사랑하게 됩니다.

분명 나의 마음이 편안한, 그리고 만나는 날이 기다려지는 모임이 있을 겁니다. 그것을 찾기 위한 노력을 게을리하지 마세요.

저는 올해 하반기에 회사 내에서 함께 성장하는 모임을 하나 만들어보려고 혼자 기획안을 쓰다 지우다 쓰다 지우다를 반복하고 있습니다. 사실 지난해부터 만들어보려고 주위 동료들에게 간 보듯 말하고 다녔는데 아직 하지는 못했습니다. 올해는 꼭 모여서 책도 나누고, 성장도 응원하고, 가끔은 저자특강 같은 프로그램도 기획하면서 조직 내에서의 성장과 개인의 성장 두 마리 토끼를 잡는 모임을 만들어보는 것이 목표입니다.

일단 처음 모임을 만들면 아무래도 제가 리드하면서 가야 할 것 같아서 리더의 소양이랄까요? 모임을 운영하기 위해서는 무엇이 필요한지 생각해보고 있습니다. 어떠한 기획으로 이끌어가야 할지도 다른 모임을 통해서 살펴보면서 말이죠.

좋은 기회가 있어서 시간관리 도구인 3P바인더 마스터코치들이 운영하고 있는 마이더스B&B(Book&Binder) 독서모임을 참관했습니다. 토요일 새벽 5시 30분에 서울 모처에서 만나 책과 목표를 나누는 모임이었습니다.

모임이 어떻게 진행되는지 독서모임에서 무엇을 나누는지 궁금하기도 했고, 거기에 더해 대체 이 분들의 어떠한 열정이 새벽에 나오게 하는지 궁금했습니다.

만나보니 참 평범하면서도 비범하신 분들이었습니다. 다양한 직업의 다양한 모습의 사람들이 모였지만 그들에게는 내가 아닌 타인의 성과에 대해서 진심으로 기뻐해주고, 지지해주고, 응원해주는 대인배라는 공통점이 있었습니다. 그날의 모임 주제에 대해 한 명씩 돌아가면서 말하는 시간이 있었는데 마지막에는 이야기를 나누어준 사람의 이름 석 자를 크게 부르면서 "잘 될 거야"라고 힘을 불어넣어주는 퍼포먼스가 색다르면서도 참 좋다는 느낌이 들었습니다. 새벽을 깨우는 이들과의 너무나 감사한 시간이었습니다.

요즘은 온라인 모임도 풍성합니다. 강의를 무료 화상 회의 어플인 줌콜(Zoom Call)로 진행하시는 분들도 많고요.

《엄마의 화코칭》의 저자이자 코칭전문가 김지혜님의 온라인

그룹코칭에 참여한 적이 있습니다. 매일매일을 코치님이 주신 질문을 통해 나의 하루를 돌아보고, 주간성찰, 월간성찰까지 하는 그룹코칭이었는데요. 나의 성찰기록을 인증하고, 그 안에 있는 참가자들끼리 서로 응원해주었습니다. 익명성이 보장되고, 시간이나 지리적인 제약 등의 여러 사정들로 오프라인 모임 참석이 불가능하면 온라인상으로 진행되는 여러 모임들을 서치해보고 참여해보서도 좋을 것 같습니다.

1년 살기 멤버인 순간님은 '나깨순(나를 깨우는 순간)'이라는 모임을 운영하고 있습니다. 4주간 매일매일 한 가지의 질문을 읽고 글을 쓴 후 단톡방 등에 인증을 하면서 운영자들이 코멘트를 달아주는 소모임입니다. 저도 예전에 한 번 참여한 적이 있는데 어린 시절의 나를 돌아보면서 현재의 내가 중요하게 생각하는 삶의 가치 등을 돌아볼 수 있는 시간이었습니다. 참여자들의 만족도가 높은 소모임 프로그램 중 하나입니다.

가끔 이러한 모임의 후기 글과 사진들을 블로그나 인스타그램에서 만나게 되면 한 번쯤 본 얼굴들이 꽤 있습니다. 변화하고 성장하기 위해 강의를 듣고, 독서모임에 참여하고 있는 이들입니다. 이렇게 계속 찾아다니다 보면 나와 마음이 맞고 결이 비숫한 누군가를 만나게 되는 자리들이 있습니다.

여기저기 나가 봤지만 내가 원하는 콘셉트가 아니라든지 등의 이유로 나에게 맞는 모임을 찾지 못했다면? 그래도 실망하지 마세요. 직접 모임을 만들어보는 것도 좋습니다. '1년 살기'의 처음도 누군가가 본인이 필요해 만든 모임이었습니다. 지금 이 글을 읽고 있는 당신도 만들 수 있습니다.

이 책의 공저 작가이자, 1년 살기 모임 동지인 무아님은 동네 독서모임 '맘힐링'을 2018년 가을부터 시작해 지금까지 이어오고 계십니다. 무아님 역시 처음에는 독서모임을 찾아 인터넷 카페를 전전하고, 이곳저곳 알아보셨다고 합니다. 그러다 자연스럽게 운영하게 되셨다고. 아무도 관심이 없을까 두려웠지만 모임을 만들고 사람을 모으고 지금까지 너무 잘 운영해 나가고 계시는 모습이 참 대단합니다.

대구에 계신 뿌야맘님이 얼마 전 1년 살기 카페에 글을 올려주셨어요. 1년 살기 모임을 대구에서 진행해보고 싶다는 내용이었습니다. 저는 '1년 살기 상표등록 해야 하는 거 아니야?' 라는 재미있는 생각을 해보았습니다. 그런데 역시 처음 1년 살기 모임을 만들었던 리더는 달랐습니다. 퀸스드림님이 뿌야맘님의

글에 달아놓은 댓글을 소개해봅니다.

안녕하세요. 반갑습니다! 1년 살기 모임에 관심 가져주셔서 감사합니다. 1년 살기가 대구에서도 진행된다니… 기쁘기도 하고 설레기도 합니다. 저희는 카페를 활성화시키지는 않습니다. 카페 활성화가 목적이 아니기 때문에 매월 목표 및 검토하는 내용을 올리는 정도로 사용하고 있습니다. 카페 활성화를 목적으로 한다면 더 많은 분들이 참가하실 수 있겠지만, 인원이 많이 늘어나는 것보다, 1년 살기를 제대로 이해하고 실천할 수 있는 단 한 사람이 더 귀하기 때문입니다.

남에게 보이는 것, 다른 사람을 위한 목표가 아닌, 본인이 설정한 목표. 그리고 함께하는 사람들과의 인연으로 만들어내는 프로젝트가 1년 살기를 이끌어간다고 생각합니다. 제가 만들어내는 것이 아니라, 멤버들이 만들어내는 이 에너지를 직접 느껴보시면 아실 것 같습니다.

1년 살기를 대구에서 진행하셔도 좋습니다. 다만, 원래 취지가 왜곡되거나, 목표성취만을 위한 모임이 되지 않기를 진심으로 바랍니다. 가장 중요한 것은 계획대로 사는 것이 아닌, 함께하는 힘으로 만들어내는 에너지로 스스로의 잠재력을 깨우는 것입니다. 힘드시겠지만, 뿌야맘님, 시간이나 기회 되시면 한 번 모임에 오셔서 멤버들을 만나보시고, 그들의 에너지를 느껴보십시요. 아마 다른 모임과 확실히 다르다는 것을 몸소 체험할 수 있을 것입니다.

대구 모임이 활성화되면 저희 멤버들과의 교류도 생각해보면 좋을 것 같습니다. 멋진 모임 만들어주세요!

두드리는 자에게 기회가 온다고 했던가요? 제가 직접 대구로 가서 시작을 함께 도와드리고 싶기까지 했습니다. 뿌야맘님은 지금 카페에서 저희와 함께 월 결과, 다음달 계획 등을 공유하며 소통하고 있습니다. 아마 곧 '1년 살기 대구' 모임이 생기겠죠? 저는 감히 말해봅니다. 스타벅스 지점마냥 전국으로 뻗어나가는 1년 살기 모임을요. 전국에 계신 변화와 성장에 목말라 길을 찾고 계신 여러분! 문을 두드려보세요.

그럼에도 다시
움츠리게 된다면

지금까지 제가 한 이야기가 다른 세계의 사람들 이야기 같은가요? 신입사원 앞에서 교육을 하는 사내강사이고, 팟캐스트 진행자이고, 곧 책을 쓴 작가가 되는 저라는 사람이 이 세상이 아닌 저 세상 열정을 가진 사람으로 생각되시나요? 저도 모임에 나오기 전에는 그렇다 생각했습니다. 어차피 될 성싶은 나무였어, 라고 그 사람의 피나는 노력을 재능으로 치부해버리기도 했습니다. 그러나 제가 겪어본 1년지기들은 각자가 가진 지난 이력은 대단할지언정 현재는 동시대를 살아가며 비슷한 고민을 하는 여러분과 별반 다르지 않은 사람입니다.

1년지기 중 2번째 1년 살기를 하고 있는 '연꽃 만난 바람처럼'

님이 계십니다. 미스코리아에 아나운서에 정당대변인까지 했던 이 분은 1년 살기 모임의 멤버들이 출간한 첫 번째 책《다시, 시작합니다: 내 인생 찬란하게!》의 공저자이기도 합니다. 지난 모임에서 한 말씀이 기억납니다. "지금 저는 아이를 잘 키워내는 게 가장 중요한 시점입니다. 가끔 내가 뭐하고 있는 건가 라는 의문이 들 때도 있지만 1년 살기 모임에 나와 멤버들의 사는 이야기와 목표를 향해 가는 모습에 마음의 위로와 치유를 받고 자극도 받아가고 있습니다."

그리고 그녀는 모임에서 아이공부를 위해 했던 지난달 노력, 아이 공부를 위해 다음 달 할 노력, 가족들을 위해 했던 지난달 노력, 가족들을 위해 해야 할 다음달 일정에 대해 이야기합니다. 너무 평범한 옆집 아줌마 이야기입니다.

저 역시도 마찬가지입니다. 2019년 1년 살기에 참여하면서 내가 가고 싶은 목적지가 어디인지, 그 목적지에 가기 위해서는 어떤 목표들이 필요한지 전혀 감을 잡지 못한 상태였습니다. 아니, 사실 내가 왜 불안해하고 있는지 자체를 몰랐었죠. 단지 제가 한 일은 그냥 매달 한 번 나가서 멤버들의 지난 달 이야기를 들으며 자극받고, 응원하고, 더불어 위로를 받은 것이었습니다. 솔직히 말하자면 '나만 지난 한 달 막 산건 아니구나?' 하면서 위로받은 날이 더 많았습니다. 그만큼 평범한 사람들입니다.

매달 멤버들이 무엇인가 거창한 일을 벌이고 있지는 않습니다. 그런데 제 지인들은 1년 살기 멤버들을 대단한 사람들이라고 평합니다. 지난해 북콘서트에 온 저의 친한 동생들도 본인과는 다른 타고난 재능을 가진 사람들이라고 평하더군요.

아닙니다. 정말 아니라고 말씀드리고 싶습니다. 굳이 다른 점을 하나 찾으라면 1년 살기 멤버들은 어제를 반성하고 내일을 계획하고 미래에 대해 고민하는 사람들이라는 것입니다. 그리고 시간을 내어 변화와 성장을 응원하는 모임에 참여하고 있다는 것이죠. 그러나 이 책을 들고 계신 당신도 그런 분이잖아요? 자신의 비범함을 찾아가고 있는 분이잖아요? 전 그렇게 믿습니다.

열심히 살다가 움츠러드는 날이 분명히 오겠죠. 우리는 지금까지 살아오며 이런 날들을 수도 없이 경험해 봤잖아요. 혹시 지금 너무 힘든 시기를 보내고 계신가요? 일어설 힘이 없으신가요? '왜 나만 이렇게 힘든 거야?' 라고 제가 그랬던 것처럼 세상을 원망하고 계신가요?

아버지가 돌아가시고 얼마 후 오래된 고등학교 동기 친구들을 만났습니다. 낭랑 18세에 만났던 우리들은 어느새 40대 아줌마가 되었습니다. 그때는 아버지가 돌아가신 지 얼마 되지 않아 기본적으로 눈물을 장착하고 있을 때였습니다. 고기 구우며 술 한 잔 하면서 자연스레 이야기가 나오게 되었습니다.

"아버지의 임종을 지키지 못해 너무 마음이 아프다…. 아버지가 술 문제가 있으셨다. 결국 술을 너무 드셔서 스스로의 건강을 너무 해치셨다"라고 운을 뗐더니… 친구들이 하나둘 고백하기 시작했습니다. 다들 아버지의 술 문제가 있었더라고요.

친구들은 당시 공부를 어느 정도 해야 갈 수 있는 국립대에 다 합격했습니다. 친하게 지낸 다섯 명이 다 같이 지원한 그 국립대에 불합격한 사람은 저 혼자였습니다. 그것도 후보 3번이었는데 최종적으로 2번까지 추가 합격되었으니 저는 1등으로 떨어진 셈입니다. 꼭 입시 때 이야기가 아니더라도 저는 제 친구들이 내가 그렇게도 목표로 삼았던 지극히 평범한 가정의, 특별한 사연 따위는 없는 친구들이라 생각했습니다. 그런데 그날 깨달았습니다. 사연 하나 없는 사람은 이 세상에 없구나 하고 말이죠.

평범의 기준은 누가 정하는 것일까요? 내가 평범이라고 생각하는 그 기준은 대체 무엇일까요? 지금 이 글을 읽고 있는 당신에게만 구구절절한 사연이 있는 걸까요? 아닐걸요? 사람들은 누구나 숨기고 싶은 사연 하나쯤은 있더라구요. 저처럼 말이죠. 그러니 다시 움츠리게 되더라도 다시 일어설 수 있다는 것을 우리는 알고 있습니다.

저는 분명 특별한 삶, 특별한 사연이 있는 삶을 살아오다 '평범'이라는 목표를 달성했습니다. 이제 저를 포함해 여러분은 '비범'해질 때입니다. 여러분도 여러분 안에 있는 비범함을 찾으세요. 같이 그리고 함께요.

여러분의 '비범함'을 찾아가는 여정을 응원합니다.

PART 2

나는 일 벌이는 게
취미입니다

● 퀸스드림 (김여나)

'내 인생에 다시없을 1년 살기' 모임 대표.

'여나(여성나눔) 커리어 코칭센터' 대표.

자신을 사랑하는 30~50을 위한 쇼핑몰 '에이라(EYIRA)' 대표.

일본경제를 전공하고 일본계 다국적기업에서 일하다가 출산과 육아로 경력단절을 경험합니다. '나'를 찾는 과정의 일환으로 '내 인생에 다시없을 1년 살기' 블로그를 운영하면서 책, 육아, 성경공부 이야기를 기록하기 시작했습니다. 블로그와 동명의 소모임을 만들어 4년째 운영, 3년간 리더 역할을 했고 지금은 '경리' 역할을 자청하여 1년지기들을 섬기고 있습니다. 그리고 '1년 살기' 모임에서 힘을 얻어 5년 만에 다시 커리어우먼이 되었습니다.

저서로 《다시 시작하기 어려운 당신에게》《다시, 시작합니다》(공저)《내 인생의 판을 바꾼 1년》이 있고, 《말을 디자인하라》를 번역했습니다.

www.eyira.com

블로그 blog.naver.com/menciusmom

인스타그램 @queensdream_100

내가
이 모임을 하는 이유

지금 생각해보면 모든 것이 퍼즐처럼 맞춰집니다. 그때는 우연이라고 생각했지만 아니었습니다. 아이를 갖게 된 것도, 그 아이가 임신기간에 건강하지 못했던 것도, 그렇게 기도할 수밖에 없는 상황도, 한 청년이 나를 찾아오게 된 것도, 또 지금 이 사람들을 만나게 된 것도 이미 그 전부터 정해졌던 것처럼 모든 것들이 당연하듯 자연스럽게 스며들었습니다.

결혼이 늦었고, 기다리던 아이가 생겼을 때 저는 아이가 "다운증후군 확률이 높다"는 말을 들었습니다. 원해서 가진 아이를 내가 원하는 상태가 아니라는 이유만으로 아이를 지울 수가 없었습니다. 정말로 지푸라기라도 잡는 심정으로 교회에 나가기 시작했고, 처음으로 내가 아닌 다른 사람들을 위해 기도하기 시작했습니다. "이 아이만 건강하게 태어나게 해주신다면 내 남은 모든 인생은 다른 사람들을 위해서 살겠습니다."

이 약속이 제 인생의 소명이 되었고, '내 인생에 다시없을 1년 살기'라는 모임을 만들게 된 원천이 되었으며, 제가 힘들 때마다 저를 붙잡아주는 끈이 되었습니다.

저는 딱히 뭔가를 잘하는 사람이 아닙니다. 혼자서 무언가를 시작하는 건 어렵게만 느껴졌고, 나와 같은 사람들이 모여서 함께한다면 낫지 않을까? 하는 단순한 생각으로 블로그에 글을 쓰기 시작했고, 모임을 만들게 된 것이지요.

'내 인생에 다시없을 1년 살기'는 거창한 이름이지만, 실제 그리 거창한 건 아닙니다. '한 가지 목표를 가지고 1년 동안 살아보기'입니다. 그 '한 가지'는 내 가슴을 설레게 하는 목표.

일본유학을 떠난 1년 동안 많은 일들을 겪고 난 후 제 인생에 일어난 변화들을 직접 느끼고 나서부터입니다. 1년은 누군가의 인생을 변화시키기에는 그리 긴 시간은 아닙니다. 한 청년이 저를 찾아온 것을 시작으로 해서 예전의 경험을 되살려 '모임'을 기획했고, 사람들을 모았습니다.

그렇게 1기생을 모집하는데 100여 명이 참여하고 싶다는 댓글을 달았습니다. 저는 진짜 저와 1년을 함께할 사람들을 고르기 위해 두 가지 조건을 걸었습니다.

'토요일 아침 9시에 조찬모임을 할 수 있는 분' '회비는 5만원'이라는 조건이었습니다. 토요일 아침 9시에 강남에 나온다는 건 쉬운 일이 아닙니다. 게다가 3만원도 아닌 5만원이라고 하면 작은 돈도 아니지요. 이렇게 자기 자신을 위해서 시간과 돈을 쓸 수 있는 사람이라면 1년간을 함께 보낼 수 있을 거라 생각했습니다.

100명 중에서 15명이 남았고, '1년 살기' 첫 모임이 시작되었습니다. 4년차가 된 지금은 제가 처음 시작할 때보다 인원도 늘었고, 형태도 조금 바뀌었습니다.

바뀌지 않는 것이 있다면 사람들의 열정과 적극성이라고 할까요? 오히려 이것은 시간이 지나면 지날수록 더 뜨거워지는 것을 느낍니다. 제가 생각한 것보다 늘 훨씬 더 좋았고, 모임은 탄탄하고 생산적으로 변해갔습니다.

나의 인생을 되돌아본 것뿐인데, 다른 사람들이 위로를 받고 갑니다. 실패라 생각했던 삶, 아무것도 없었던 삶이었습니다.

남 앞에서 말하는 게 부끄러웠던 나의 삶이 다른 사람들에게
희망이 되고, 눈물이 되고, 기쁨이 됩니다. 발표하면서 울고,
들으면서 감동 받습니다. 어느 누군가에게도 털어놓지 못했던
나의 인생이 누군가에게 치유가 된다는 사실만으로도 감사했
습니다. 이렇게 마음속에 있던 것들을 털고 나니 부끄러울 줄
알았는데 오히려 당당해졌고, 내 삶을 칭찬하게 되었습니다.
나는 괜찮은 사람이고 앞으로 더 잘할 수 있을 거라며 1년지기
들이 말해줬습니다. 그래서 알게 되었습니다. 내가 정말 잘 살
아왔다는 것을… 그리고 나와 비슷한 사람들이 자신의 꿈을 가
지고 한 걸음씩 앞으로 나아가는 모습을 보면서 나도 뭔가를
하고 싶다는 생각을 하게 되었습니다.

어쩌면 결혼 후 처음 갖게 된 생각인 것 같습니다. 나와 비슷한
사람의 성장이 나의 성장판을 움직이게 합니다.
나의 작은 힘이 누군가에게 도움이 되고, 나 또한 그 작은 힘으
로 용기를 받아 시작하게 되는 곳. 그래서 한 달에 한 번 아침
일찍 나오는 이 길이 쉽지는 않지만 기다려집니다. 아무리 코
로나 바이러스가 우리를 꼼짝 못하게 하더라도 그 기세를 뚫고
방법을 찾는, '1년 살기'는 그런 모임입니다.

리더는 앞에 서는 사람이 아니라 뒤에 서는 사람이다

아무리 작은 모임이라도 힘든 일은 매번 발생합니다. 저는 일본 회사를 오래 다닌 사람인만큼 앞에 나서는 것보다 뒤에서 조용히 잘 따르는 사람이었지요. 그런 사람이 앞에 서서 다른 사람들을 이끌려고 했으니 얼마나 힘들었겠습니까? 마음고생은 차마 말로 다 못할 정도였습니다.

무언가를 잘해서 앞에 서야만 사람들이 나를 따르는 게 아닐까 생각했기 때문에 1년간 방황을 많이 했습니다. 나 혼자 리더 역할을 하는 것이 아니라, 스텝을 두 분 세워 셋이서 같이 리드하려고 했습니다. 이런 모임을 처음으로 만들었고, 어떻게 운영해야 하는지 몰랐기 때문에 서툰 경영이 어쩌면 당연한 것인지도 모르겠습니다. 하지만 그때는 '서툴다'는 이유가 나 자신을 용서할 수 없는 가장 큰 항목이었습니다. 그래서 모임을 그만둬야겠다고도 생각했습니다.

이런 저의 고민을 성경공부를 함께하던 모임 사람들과 나누게 되었습니다. '모임을 만들어서 운영하고 있는데, 내가 리더로서 잘하는 것 같지 않아서 많이 속상하고, 너무 어렵다'고 했더니 장로님께서 "리더를 키우지 않는 리더는 진정한 리더가 아니다"라는 말씀을 해주셨습니다. "리더가 앞에 나가서 모든 것을 다 하려고 하니까 너무 어려운 것"이라는 것과 "리더는 앞에 서서 지휘하는 사람이 아니라 뒤에 서서 사람들을 빛내는 사람이 진정한 리더"라는 말씀도 그때 해주셨습니다.

덕분에 저는 리더의 역할에 대해서 다시 생각해보게 되었습니다. 제가 아닌, 1년지기들을 보기 시작했습니다. 누가 어떤 장점을 갖고 있는지 그 모습을 보려고 노력했습니다.

한 1년지기와 점심을 먹다가 10년 동안 그녀가 꾸준하게 일기를 쓰고 있다는 걸 알게 되었습니다. 그녀에게 일기에 대한 1시간 강연을 부탁했고 그 강연은 우리 모임에서 완전 히트를 쳤습니다. 많은 사람들에게 글을 쓰게 하는 효과가 생긴 것이지요. 그녀는 다른 곳에서도 일기쓰기 강의를 하게 되었고, 이제는 우리 모임에서 자신만의 이야기를 잘 녹여서 강의하는 명강사로 거듭났습니다.

각자 잘하는 것, 그 전에 해왔던 일들, 아니면 현재 하고 있는 일들 중 1년지기들에게 나눌 만한 것이 있다면 특강으로 모시기도 했습니다. 1년 만에 영어를 마스터하게 되었다는 분에게 영어 잘하는 법에 대한 특강을 들었고, 부동산 임장을 다녀오신 분에게는 그분만의 노하우를, 스피치 강사님에게는 말 잘하는 법을, 은행원에게는 은행의 생리를, 또 책 쓰신 분에게는 자신만의 책을 쓰고 만드는 법에 대한 강의를 부탁드렸습니다.
제가 리더의 역할에 대해서 '생각'만 바꾸었을 뿐인데, 그것만으로도 저는 리더라는 역할에 대한 짐을 내려놓을 수 있게 되었습니다. 제가 많이 바뀌었습니다. 리더의 역할을 즐길 줄 알게 된 것이지요. 이제는 누가 잘하는가를 보면 되고, 그 사람의 말에 잘 귀 기울이게 되고, 그 사람의 장점을 찾게 되었으니까요. 아마 그때부터였던 것 같습니다. 1년 살기 모임에 적극적으로 변화가 생기게 된 시기가….

하고 싶은 것이 있다면 던져보자!
누군가는 받아준다

2018년 11월로 기억합니다. 삼성역에 있는 호텔 라운지에서 식사를 하게 되었습니다. 제가 여성벤처 창업 케어 프로그램에 우승자로 뽑혔는데, 그 과정을 1년 살기 멤버 '순간'님이 도와주셔서, 그것을 계기로 함께 식사를 하게 된 것이지요.

그때 순간님이 우리만의 굿즈를 만들었으면 좋겠다! 라고 제안을 했습니다. '1년 살기'를 하고 있는 우리에게 필요한 것이면 좋겠고, 또 '1년 살기'를 알릴 수 있는 것이면 좋겠다는 이야기였습니다. 일단 진행해보기로 했습니다. 쓸 수 있는 다이어리면 어떨까 해서 예전에 디자인 일을 했던 헬렌님이 발로 뛰면서 여러 업체의 견적을 받아오고 다른 1년지기들은 무엇이 들어가면 좋은지 고민하며 서로 아이디어를 주고받았습니다.

저는 또 1년지기들에게 제안했습니다. 1년지기들의 개인 발표를 들을 때마다 매번 너무나도 감동적이어서 우리끼리만 알고 넘어가는 게 아까웠습니다. 그래서 사람들에게 이 이야기와 함께 '1년 살기'를 하고 나서 자신의 변화에 대해서도 함께 나눠보자고 했습니다. 평범했던 우리가 조금씩 비범한 사람으로 바뀌어가는 이야기를 책으로 남겨보자고 제안을 한 것입니다.

얼마 후, 순간님의 지인을 통해 출판사 편집장과 연결이 되고 결국에는 출판 계약까지 하게 되었습니다. "설마 누가 우리의 이야기를 들어주겠어?" 했던 1년지기들이 계약서를 받아오니 "정말 되네?" 라는 것을 경험하게 되었습니다.

우리가 쓴 글은 8인의 공저로 《다시, 시작합니다: 내 인생 다시 한 번 찬란하게!》로 출간이 되었고, 그 전에 구상했던 굿즈는 《1 Year Diary》가 되어 세상에 나왔습니다.

만약 그때 누군가 한 사람이라도 "그게 되겠어?" 라는 반응을 보였다면 《다시, 시작합니다》 와 《1 Year Diary》는 없었을 것입니다. 왜 아무도 말리는 사람이 없었는지 모르겠습니다. 우리는 펀딩에도 도전해서 167만원이라는 금액을 모았고, 책 출간 후에는 동영상을 제작하여 유튜브에도 올리고 각자의 블로그에 열심히 홍보를 했습니다.

또 다른 1년지기님은 기관 담당자의 명함을 받아와서 북콘서트 제안서를 냈고, 그동안 연락도 안 했던 지인들에게 연락하여 책의 홍보를 위해서 굽신거리기도 했다며 "누군가에게 아쉬운 소리 할 줄 몰랐던 나인데 이 책을 위해서 그렇게 했어!" 라는 1년지기도 있었습니다. 저 또한 책을 써보자고 제안한 사람으로서 뭔가 책임감이 컸고, 혼자였으면 절대 하지 않았을 북콘서트 기획서를 만들어서 여기저기 기관들에 연락하기도 했으니까요. 이런 제 모습도 '1년 살기' 아니었다면 볼 수 없었을 것입니다.

'북콘서트' 이야기를 안 할 수가 없습니다.

북콘서트는 1년지기들 중 연꽃님을 무대에 세우기 위한 기획이었습니다. 화려한 이력을 가지고 계신 연꽃님. 육아로 인해 자신의 옛 모습을 잊어가고 있는 그녀를 다시 꽃피우게 하고 싶었습니다. 그리고 다른 이들에게는 북콘서트라는 것이 대단한 사람들만 하는 것이 아니라, 하고 싶은 사람은 할 수 있다! 는 것을 보여주고 싶었습니다.

기회는 만드는 것이기 때문에 아무도 우리를 북콘서트에 세워

주지 않는다면 우리가 그 기회를 만든다는 취지로 하게 된 것이지요.

혹시나 기업과 연결되면 수익을 만들어서 미혼모를 돕자! 는 의견도 나왔고, 아이들에게 후원할 수 있는 무언가를 만들자! 라는 기획도 나왔습니다. 결국에는 우리의 뜻대로 진행되지는 않았지만, 우리는 어떻게든 할 수 있게 만들려고 다방면으로 노력했고 실패를 통해서 배웠습니다. 우리는 홍대에서 북콘서트를 열고 지인들과 펀딩 후원자, 독자분을 모셨습니다.

재미있는 에피소드를 이야기하자면 끝이 없을 정도입니다. 한 1년지기는 북콘서트가 확정된 후 그때부터 다른 분들의 북콘서트를 일부러 찾아가서 보고 배웠습니다. 그리고 저자 사인회 때 자신의 책에 사인을 해서 저자에게 선물을 하고 온 친구도 있었습니다. 어디서 나온 자존감일까요? 웬만한 자존감을 가지고는 할 수 없는 일이었습니다.

김민식 피디님의 강연을 찾아가서 우리 책의 홍보를 위해서 책을 드리고 온 1년지기가 있었는데, 그걸 알면서도 또 찾아가서 책을 드리고 온 1년지기도 있습니다. 이런 적극성은 어디서 나온 것일까요? 처음부터 이렇게 적극적이었던 사람들이 아니었습니다. 오히려 소극적이고, 육아와 일상, 낮은 자존감에 의기소침했던 사람들이었는데, 이렇게 많은 일들을 벌이고 다니면서 재미있게 자신의 일을 만드는 사람이 된 것입니다.

아마 이때부터였던 것 같습니다. 1년 살기에서는 무언가 하고 싶은 것이 있다면 마음속으로만 간직하지 않습니다. 진짜 할 수 있을까? 했던 일들이 눈앞에서 펼쳐지는 것을 보고, 하고 싶은 것들을 내뱉기 시작했습니다.

책쓰기에 참가하지 않았던 1년지기들도 옆에서 보면서 느꼈을 것입니다. 그들도 모두 스텝으로 참여했기 때문에 남의 일이 아니라 우리의 일이 되어버렸고, 나의 일이 되었습니다.

나르샤님의 딸은 북콘서트에 와서 작가들의 사인을 다 받아갔습니다. 그리고 그 책에 언젠가 책을 쓸 것 같은 엄마의 사인도 미리 받아갔다고 합니다.

딸의 선견지명으로 엄마인 나르샤님은 1년 뒤 지금, 이 책을 쓰는 작가가 되었습니다. 참 재미있는 1년 살기죠?

모임은 팔로우들을 만드는 곳이 아니라, 자신의 길을 만들어가는 곳

'1년 살기'는 가슴 뛰는 한 가지 목표를 가지고 1년 동안 살아보는 것입니다. 그런데 의외로 그 한 가지를 정하는 것이 쉽지 않습니다. 그래서 처음에 어떻게 해야 할지 몰라서 당황하는 사람들이 많았습니다. 누군가가 이끌어주는 것도 아니고, 무언가가 정해져 있는 것도 아니기 때문에 더 어려울 수도 있습니다.

그만큼 우리는 누군가 만들어놓은 것을 따라가는데 익숙해져 있습니다. 사회 시스템이 만들어놓은 틀 안에서만 자랐기 때문입니다. 스스로 자신의 것을 만들어가는 것에 대해서 방법도 모를 뿐 아니라 자신도 없어 합니다. 틀리면 어떡하지? 잘 안되면 어떡하지?

그래서 그런지 많은 모임의 주인장들은 뭔가에 있어서 한 번쯤 성공의 경험을 가져본 사람들이 많이 합니다. 그리고 자신의 방법을 나눠주기 위한 혹은 자신의 미니미들을 키우기 위한 모임을 만들어서 자신의 방법을 공유하는 곳이 많습니다. 그런데 그 주인장들의 방법만이 성공으로 가는 길일까요?

그동안 많은 실패를 해왔기 때문에 더 이상 실수하고 싶지 않아서 모임을 찾는 분들도 있을 것입니다. 그 마음을 모르는 것이 아닙니다. 하지만 자신의 의견 없이 다른 사람을 따르기만 하는 것은 정말로 위험한 행위입니다. 나의 삶입니다. 나의 삶에 YES, NO를 모르고 중요한 결정을 다른 사람의 손에 맡기게 되는 일은 위험합니다.

저 또한 많은 실패와 방황을 했기 때문에 그들의 마음을 모르는 것은 아닙니다. 어쩌면 너무 잘 아니까 더 이끌지 못했던 것도 있습니다. 앞에서 먼저 했던 사람들이 어떤 작은 결과라도 만들어가는 모습을 볼 때 나는 뭐 하는 것인가 자괴감이 들기도 합니다. 하지만 헬렌님처럼 "나만의 속도로 간다" 라는 선언을 하고 멋있게 자신의 속도로 가고 있는 분도 있습니다.

앞에 서면 이상하게 그런 모습이 잘 보입니다. 누가 그런 생각을 하는지 알면서 손 내밀지 못하는 제 마음도 편하지는 않았습니다. 스스로 자신의 색을 만들어가는 것이 맞다는 것을 알기 때문이었습니다. 스스로 설 수 있을 때까지 방황의 시간도 필요하기 마련입니다.

모임은 주인장의 팔로우를 만드는 곳이 아니라고 생각합니다. 그렇게 진행해 간다면 모임이 오래가지 못할 것입니다. 어느누군가가 치고 빠지는 모임이 아닌, 오랫동안 함께하고 싶은 모임을 만들고 싶고, 또 그런 모임에 참여하고 싶을 것입니다. 그러면 어떻게 하면 좋을까요?

어쩌면 모임을 만들고 키우는 것은 아이를 양육하는 것과 비슷할지도 모릅니다. 아이가 엄마만 좇아서 하는 것보다 스스로의 길을 만들어서 가보고 안 되면 다시 돌아오더라도 자신만의 길을 찾기를 어느 부모이건 같은 마음으로 바랄 것입니다. 부모와 자식 간도 서로 독립적으로 윈윈 하는 사이가 저는 가장좋다고 생각합니다. 모임의 주인장과 멤버들도 같은 마음입니다. 주인장 혼자 성장하는 것이 아니라, 멤버들과 함께 윈윈 할수 있다면 그것만큼 좋은 모임도 없겠지요.

1년 살기 모임에서 '북콘서트'라는 프로젝트를 준비하면서 배웠습니다. 방황하거나 흔들리는 사람들을 어떻게 잡아주면 좋을까? 그때 우리가 생각한 것은 함께 우리의 인생 프로젝트를 진행하면서 소속감을 느끼게 하는 것, 그리고 내가 어떤 일을 하고 싶은지 모를 때, 다른 사람을 돕는 일부터 시작하면 그 의욕을 가지고 어떤 일이든 시작할 수 있다는 거였습니다.

북콘서트 준비를 하면서 스텝으로서 해야 할 일들이 많았는데, 그런 일들을 함께 해나갔습니다.

유튜브에 올리는 영상을 찍고 편집하는 일, 그리고 사진을 찍어서 남겨주는 일을 누군가 잘하는 사람이 하는 것이 아니라 하고 싶은 사람이 손들어서 하는 곳이 바로 1년 살기입니다. 손들면 바로 촬영담당자가 되고 영상편집자가 됩니다. 관심 있는 사람이 맡아서 했기 때문에 자신이 할 줄 모르면 어떻게 해서든지 배워서라도 해냈습니다.

지나고 나서 알았습니다. 아이들 다 재우고 난 뒤 늦은 저녁 시간에 영상통화를 하면서 서로 가르쳐주기도 하고 배우기도 했다고 합니다. 물론 전문가가 찍은 것처럼 완벽하지는 못하지만 우리에게는 최고의 작품이 나왔습니다.

저도 경험을 하고 나서 알게 되었습니다. 일은 잘하는 사람이 하는 게 아니라, 하고 싶은 사람이 하는 게 맞구나… 라는 것을. 그들의 적극성 덕분에 우리는 8명 작가들의 개인 영상 뿐 아니라, 진행하는 과정까지 영상으로 담을 수 있었습니다. 북 콘서트가 끝나고 우리들은 더 가까워졌고, 정말 누가 뭐라고 해도 진정한 1년 살기의 멤버들이 되어 있었습니다.

우리가 했던 일들이 다 정답은 아닙니다. 우리가 선택한 것이 다 맞는 것도 아닙니다. 하지만 다른 사람들을 도우려고 시작했던 일이 나의 관심사가 되었고, 이제는 내가 그 분야라면 자신감 있게 할 줄 아는 사람이 되었습니다.

우리는 자녀들에게 좋은 친구를 사귀라는 말을 많이 합니다. 그만큼 친구가 자녀에게 미치는 영향이 크기 때문입니다. 그런데 저는 1년 살기를 하면서 아이에게 해주는 말이 조금 바뀌었습니다. 좋은 친구를 사귀라는 말보다 네가 먼저 좋은 친구가 되어주라는 말을 합니다. 내가 먼저 그들에게 좋은 친구가 되면 서로가 서로에게 좋은 친구가 될 수밖에 없다는 것을 1년 살기를 통해서 배웠습니다.

김여나가 죽어야 모임이 산다
: 리더가 없는 1년 살기

3년차가 되면서 어떻게 하면 이 모임을 잘 운영할 수 있을까가 정말 고민되었습니다. 매년 느끼는 것이지만, 어떤 모임을 하든 1년 이상 꾸준하게 사람들이 모이게 하려면 그 사람들을 단결시킬 무언가가 있어야 합니다.

사람들이 좋아서 모이는 건 한계가 있습니다. 리더 한 사람을 보고 모인다는 것만큼 위험한 일은 없는 것이지요. 리더도 사람이기 때문에 실수할 수 있고 사람들을 실망시킬 수도 있습니다. 그럴 때마다 사람들이 떨어져 나간다면 그 모임이 유지될 수 없다고 생각했습니다.

그래서 저는 늘 절대로 리더를 보지 말고, 또 사람들을 보고 오지 말라! 고 강조합니다. 이 모임 안에서는 언니 동생 호칭을 쓰지 않습니다. (개인적으로는 합니다만) 한국 사람의 습성이 시간이 지나면 꼭 누군가가 나이를 따져서 순서를 매깁니다. 개인적으로 만날 때는 상관없지만 모임에서만큼은 서로가 존칭을 하고 불리고 싶은 이름으로 불렸으면 했습니다.

그리고 그 사람의 배경을 모르기 때문에 선입견을 가지고 보지 않고 오로지 그 사람으로만 보고 싶었습니다. 그러고 나서 듣는 그 사람의 인생 이야기는 정말 다르게 느껴진다는 것을 4년 차 모임을 하면서 알게 되었습니다.

자연스럽게 엄마들이 모였습니다. 결혼 후 자신의 이름이 잊혀가는 우리들이지만, 이왕이면 본인이 불리고 싶은 이름으로 불리면 좋겠다는 생각을 했습니다.

저는 제 이름도 좋지만 모임에서는 '퀸스드림'이라는 제 닉네임으로 불리는 것을 좋아합니다. 제 이름도 워낙 특이해서 동명이인이 거의 없는데, 퀸스드림이라는 닉네임 또한 제가 만든 것으로, 한 여성의 꿈 (Queen's Dream)이 여러 여성들의 꿈이 되었으면 (Queens Dream) 하는 바람으로 지은 닉네임이기 때문에 제 사명과도 연결됩니다.

매년 가을이 되면 저는 또 고민을 합니다. 내년에는 하지 말까? 해야 하나 하지 말아야 하나? 몇 달은 고민합니다. 지금은 잘 지내지만 나중에 사람들이 서서히 빠져나간다면… 그렇게 이 모임을 흐지부지 끝낸다면 무척 비참할 것 같습니다. 박수칠 때 떠나야 하는 게 맞는 것인지, 이쯤에서 서로 좋은 감정을 갖고 있을 때 헤어지는 게 맞는 건지 늘 생각이 많습니다.

같은 모임을 같은 사람들과만 하게 된다면, 뭔가 새로운 것이 없으면, 지속하는 게 어렵겠다는 생각도 많이 합니다.
어떻게 하면 이렇게 힘든 시간을 내서 오는 사람들에게 가장 좋은 모임을 만들 수 있을까? 저부터도 토요일 아침 9시, 강남에 나오는 것이 쉽지 않습니다. 일하는 엄마들은 주말만큼은 아이와 지내야 할 텐데, 남편이 일이라도 생기면 아이는 새벽에 친정에 맡겨놓고 나와야 한다는 것 자체가 큰 죄를 짓는 것 같습니다. 저뿐만 아니라 모두 다 같은 마음일 것입니다.
늘 최고의 시간을 만들기 위해 고민했고, 지금까지는 함께한 사람들 덕분에 그렇게 할 수 있었습니다. 하지만 지금보다 더 발전되고 좋은 모임을 만들기 위해서 어떻게 해야 하나? 라는 무게는 제게 늘 무겁습니다.

그렇게 고민하다가 답을 내렸습니다. 이제부터는 저 대신 저보다 훨씬 더 잘하는 사람에게 자리를 내어주는 것이 맞겠다는 생각을 하게 된 것이지요. 지금까지 김여나의 색으로 왔다면 이제부터는 김여나의 색은 완전히 빠지고 각양각색의 색으로 이 모임이 이어지기를 바랐습니다.

3년 동안 운영하면서 이 모임에서 가장 많이 성장하고 달라진 사람이 있다면 그건 저, 김여나입니다. 리더여서 힘들었던 점도 분명 많았지만 얻은 것도 정말 많았습니다. 사람들을 통해서 성장했고, 또 그런 모습을 보여주고 싶어서 개인적으로도 많이 노력했습니다. 그랬더니 생각하지도 못한 결과들이 나와서 깜짝 놀랐던 적이 많습니다. 만약 제가 참여자로만 활동했다면 이런 결과들은 만들지 못했을 것입니다.

저 혼자 성장하는 게 아니라 1년지기들이 함께 성장하고 싶어서 제 자리를 내려놓고 저는 회비를 관리하는 '경리' 역할을 하며 1년지기들을 섬기기로 했습니다. 올해부터는 1년지기들이 한 분씩 돌아가면서 자신의 생일이 있는 달에 리더가 되어 섬기는 마음으로 자신의 색깔로 모임을 책임지고 있습니다.

'1년 살기'라는 이름이 불렸을 때 '김여나'라는 이름보다 이 모임에 참여하는 1년지기들이 불려지길 원합니다. 저만의 1년 살기가 아닌 모두의 1년 살기. 나 혼자만 성장하는 것이 아닌, 모두가 함께 성장하는 곳이 제가 꿈꿨던 1년 살기의 모습입니다. 우스갯소리로 말했지만 김여나가 죽어야 모임이 삽니다. 제가 앞에서 무언가를 할수록 저는 책임감을 더 느끼며 성장할 수밖에 없습니다. 이 모임이 커지게 된다면 결국 김여나만 뜨게 되고, 김여나가 만든 카페만 성장하게 되는 것이지요. 많은 모임들이 대부분 이런 체계로 갑니다. 함께하는 사람들에게는 같이 성장하는 것이라고 하지만 결국에는 주인장 성공을 위해 다른 사람들은 밑받침 역할을 하게 되는 것이지요.

한 사람만을 위한 모임은 금방 죽습니다. 요즘에는 똑똑한 사람들이 많아서 처음에는 팬심으로 혹은 뭔가 배우고 싶은 게 있어서 그 사람을 중심으로 모이지만, 시간이 지나면 결국 본심이 드러나게 되고, 원래 의도했던 것을 모두가 다 알게 됩니다.

저도 이런 모임들을 많이 참가해보며 느꼈기 때문에 제가 만든 모임만큼은 그러지 않았으면 하는 바람이 있었습니다. 그래서 더 많이 고민을 했는데 답은 의외로 간단했습니다. 욕심만 버리면 됐습니다.

욕심을 버리면
모임은 클 수밖에 없다

기독교에 3대 역설이라는 것이 있습니다. "죽으려고 하면 살고, 낮아지려고 하면 높아지고, 주면 얻는다"는 말입니다. 모임을 운영하는 사람들에게 꼭 필요한 말이 아닌가 생각합니다. 어떻게든 주인장이 욕심을 버리면 모임이 살고, 주인장이 스스로 낮아지면 주변에서 높여주고, 모이는 사람들에게 하나라도 더 주려고 하면 더 많은 것을 얻게 되는 것이 모임 운영의 방법이자 우리 삶의 진리인 것 같습니다.

모임을 만들고 그 모임이 잘 성장되는 것 같으면 주인장은 욕심이 생기기 마련입니다. 앞에 서려고 하는 욕심. 이 모임을 통해서 수익을 보겠다는 욕심. 카페의 덩치를 키워야겠다는 욕심. 나만의 브랜드를 만들어야겠다는 욕심. 이것을 통해서 유명해지려는 욕심 등 그런 욕심을 버려야 합니다.

주인장이 욕심을 버리면 모임은 살 수밖에 없습니다. 처음 이 모임을 만들었던 취지대로 함께하는 시너지 효과를 믿고, 함께 성장하고, 함께 무언가를 만들어 나아가려고 할 때, 각자의 욕심을 빼면 서로가 자신이 아닌 타인을 생각하게 됩니다.

단, 욕심은 버리되 열정은 버리면 안 됩니다. "내가 욕심을 버렸으니 너도 버려!" 라는 마음가짐도 안 됩니다. 정말로 진실된 마음으로 사람들을 대해야 합니다. 왜냐하면 내가 진실로 사람들을 대할 때 상대방도 알아주기 때문입니다.

1년 살기에는 주인장이 없습니다. 저부터가 1년 살기는 제 것이 아니라고 생각합니다. 1년 살기는 모임에 참가하는 참가자들의 것입니다. 리더는 이 사람들을 위해서 자신의 시간을 내어주는 사람이고, 저는 이 모임에서 잡일을 담당함으로써 섬기는 역할을 합니다. '섬긴다'라는 말은 무엇일까요? 사전을 찾아보면 "신이나 윗사람을 잘 받들다"라고 정의해 놓았습니다. 제가 윗사람이거나 주인이 아니기 때문에 섬길 수 있는 것입니다. 또 제 것이 아니니 욕심낼 필요가 없습니다.

1년 살기의 모든 회비는 투명하게 오픈하며 사용합니다. 제 돈이 아니기 때문에 회비 안에서 팍팍 사용합니다. 저는 어렸을 때 가정이 여유롭지 못했습니다. 가장 어려운 말이 "엄마, 나뭐 필요한 거 사야 하는데 돈 좀 주세요" 였습니다. 그 말 한마디가 얼마나 어려웠던지… 고민고민해서 겨우 엄마한테 돈 이야기를 하면, 엄마가 한숨을 푹 쉬면서 돈을 주셨던 모습이 떠오릅니다. 돈 달라고 하는 것 자체가 죄스럽게 생각되었던 때를 살아온 저는 돈을 사용하는데 있어 절대 한숨 짓지 않습니다. 누군가 모임을 위해서 비용을 사용하겠다고 하면 "돈 걱정하지 말고 가장 좋은 것으로 해주세요" 라고 말합니다. 이러니돈을 쓰는 사람 또한 얼마나 기분 좋게 돈을 쓸 수 있겠습니까? 돈 쓸 때 눈치 보면서 사용하는 것 자체가 스트레스인데 그것만큼이라도 덜어주고 싶었습니다. 경리 역할을 하면서 그 안에서 부자놀이 하는 것처럼 신나게 사용하고 있습니다.

제가 모임에서 저의 이익을 챙기는 것이 아니기 때문에, 어떻게 하면 회비를 남길까를 고민하는 것이 아니라, 어떻게 하면 회비를 이용해서 회원들에게 잘해줄 수 있을까를 고민합니다. 괜한 오해 받기 싫어서 1원까지 다 공개합니다. 그래야 저도 편하고, 회비를 내는 사람도 자신이 낸 비용이 어떻게 사용되는

지 알기 때문에 괜한 불씨를 키우지 않습니다.

"가장 좋은 것!"

"가장 좋은 장소!"

"가장 맛있는 것!!!"

돈줄을 잡고 있는 사람이 이렇게 말하는데 스텝들이 얼마나 신나게 일하겠습니까? 그리고 그 선물을 받는 사람 또한 얼마나 기분 좋을까요? 받는 사람들이 기분 좋게 받아주니 일하는 사람 또한 보람을 느끼고 그 안에서 감사함을 느낍니다. 저 또한 싼 거, 저렴한 거를 찾는 게 아니라 가장 좋은 것, 가장 맛있는 것을 찾다보니 주는 기쁨 또한 큽니다. 내 돈이 아니기 때문에 있는 돈 안에서 기분 좋게 쓸 수 있고, 어떻게 하면 이들을 더 기쁘게 할 수 있는지 행복한 고민을 하게 됩니다.

성경에 사람을 대할 때 황금률로 대하라는 말이 있습니다. 내가 받고 싶은 대로 타인을 대해야 한다는 것. 그래서 받은 회비로 뭐든 가장 좋은 것을 합니다. 모임 장소도 강남역 지하철 출구에서 가깝고 시설이 좋은 곳. 가격은 다른 곳과 비교하면 비싸지만 쾌적하고 오기 편한 곳. 그리고 한 잔을 마시는 커피라도 그 자리에서 바로 뽑은 가장 맛있는 커피. 아침에 막 구워서 만든 샌드위치, 그리고 지금까지 읽었던 책 중에서 가장 좋았던 책을 매달 선물했습니다.

매달 발표자에게는 감사의 마음으로 3만원짜리 도서상품권을 주었다가 이제는 사람들이 많아지고, 또 물가 상승과 더불어서 5만원짜리 백화점상품권으로 바꿨습니다. 한 달 동안 고민한 시간들에 대한 기분 좋은 보상입니다. 6월과 12월에는 다 같이 식사를 하는데, 그때도 가장 좋은 곳에서 맛있는 식사를 예약합니다.

이렇게 하니 오히려 1년지기들이 걱정합니다.

"이렇게 쓰면 돈 모자라지 않나요?"

물론 모자랄 때도 있습니다. 하지만 정말로 이상하게 어떻게든 그 돈은 채워집니다. 그리고 딱 우리가 쓸 만큼만 늘 생기는 것 같습니다. 한 사람이 욕심을 버리면 모든 1년지기가 행복해지고, 이 모임 오는 것 자체가 설렘으로 바뀝니다. 좋은 모임을 만들기 위해서 많은 노력이 필요하지 않습니다. 나부터가 좋은 사람이 되고, 나부터가 이 모임을 위해 성장하면 됩니다. 주인장 한 사람이 욕심을 버리면 모이는 모든 사람들이 즐겁습니다. 이건 우리가 유치원 때 배웠던 것입니다.

결국에는
사람이다

그럼, 사람들이 물을 겁니다.

"주인장은 무엇을 얻나요?"

"어디서 수익을 얻어야 하나요?"

"꼭 주인장의 희생이 있어야 하는 건가요?"

아니요, 절대로 그렇지 않습니다. 누군가의 희생이 필요하다면 모임은 이루어지지 않습니다. 희생하는 사람은 언젠가는 지칩니다. 특히나 모임을 만든 사람이 지친다면 그 모임은 금방 폐쇄될 것입니다. 저도 이 모임을 4년차 운영하면서 한 번도 희생을 하거나 손해를 봤다고 생각해본 적이 없습니다. 오히려 늘 넘치게 많은 것을 받았습니다.

우선 주인장이 얻는 것은 '사람'입니다. 제가 무언가를 하려고 할 때 저를 응원해주는 사람이 20명이 넘습니다. 어떤 선택을 하더라도 저를 무조건 지지해줄 사람입니다. 오히려 가족들은 말리더라도 이 사람들은 저를 응원해줄 것입니다. 그런 믿음이 생겨서 저는 이분들과 함께 서 있는 것만으로도 든든합니다.

단지 응원만으로 끝날까요?

아닙니다. 저는 함께하는 1년지기들 덕분에 말하는 대로, 원하는 대로 살고 있습니다. 하고 싶은 일이 있다면 함께할 수 있는 사람들이 있으니까요. 지금 1년 살기 안에서는 소규모로 프로젝트들이 진행되고 있습니다.

예를 들어 작년 9월 여행작가님의 강연을 듣고 그동안 가지 못했던 여행이 가고 싶어졌고, 조금 색다른 여행을 하면 좋겠다는 생각을 했습니다. 초등학교 입학 전인 딸과 함께 여행으로 입학준비를 하면 좋겠다는 아이디어를 던졌고, 누군가 그 아이디어를 받아서 팟캐스트를 같이 하면 더 좋겠다는 아이디어를 더한 것이지요. 마음 맞는 3명의 1년지기가 모여 '여행으로 준비하는 초등입학'이라는 팟캐스트를 시작했습니다.

이렇게 진행하는 것을 글로 써서 나중에는 책으로 만들 예정입니다. 저 혼자였다면 가능하지 못했을 겁니다.

저는 일하는 엄마이면서 팟캐스트 진행자이며, 글을 쓰는 작가의 일도 하고 있고, 엄마들을 위한 스포츠웨어 쇼핑몰을 운영하고 있고, 사람들을 돕는 코칭 일도 하고 있습니다. 혼자였다면 절대로 할 수 없는 것들입니다.

어떻게 해야 할지 모를 때에는 그 흐름에 맡기면 됩니다. 누군가가 앞장 설 때 그냥 따라가기만 하면 됩니다. 지금은 내가 따라가고 있지만 언젠가는 또 내가 리더가 되어 사람들을 이끌 수도 있습니다. 1년 살기에서는 이렇게 옆에서 해내는 모습들을 많이 보기 때문에 '할 수 있을까?'를 걱정하지 않습니다. 대신 '어떻게 하면 할 수 있을까?'를 생각하게 되는 것이죠.

최근 엄마의 달라진 모습을 보면서 자녀들도 매우 좋아한다고 합니다. 그 전과 달리 뭔가 바쁜 엄마이긴 한데 밝고 즐거운 모습이 자녀가 봐도 달라졌다는 것이지요. 그리고 엄마로서 8시 퇴근을 한다고 합니다. 엄마로서 역할을 하지 않는 게 아니라, 8시 엄마 역할을 퇴근하고 그 이후 자신만의 시간을 갖는다고 합니다. 아이와 남편도 "8시야! 퇴근해!" 라고 해준다니, 그 집 가정에서도 엄마를 생각하는 마음이 더 클 수밖에 없겠지요? 모임 하나 나갔을 뿐인데… 아내가 바뀌니 아이들도 바뀌고, 남편까지 바뀌게 되는 기이한 현상도 보입니다.

1년지기들에게 묻습니다.

"왜 '1년 살기'에 나오시나요?"

정확하게 딱 꼬집어서 "~때문에 나와요" 라는 정답을 찾지는 못했지만 많은 분들이 1년 살기에서 왠지 모르게 위안을 얻게 된다고 합니다. 여기에서 받은 에너지로 한 달을 살게 된다는 말도 많이 합니다. 그래서 가정에 더 잘하게 되고, 모임에서 한 마디라도 더 하고 싶어서 책도 읽고 운동도 시작하고, 뭔가 작은 일이라도 나를 위해서 해본다는 분들이 많이 생겼습니다.

1년 살기를 1년 해보신 분들의 답은 거의 비슷합니다. 내가 많이 받았으니 이번에는 누군가를 섬기기 위해서 1년 살기에 참가한다고 합니다. 조용히 뒤에서 돕는 역할을 하고 싶다는 사람들이 늘어나고 있습니다. 이분들은 왜 이런 생각을 하게 된 것일까요?

덕분에 저도 일 벌이는 게 취미가 되었습니다. 예전의 저는 머릿속으로 수많은 성을 쌓았다가 수없이 부쉈습니다. 하지만 이제는 하고 싶은 일이 있다면 먼저 제안을 하고 기획을 하는 사람이 되었습니다. 1년 살기의 이야기를 〈EBS 생각하는 콘서트〉에서 15분 강연을 했고, 국가 기관, 경력단절 여성들 그리고 서강대학교 사회교육원에서 강의도 합니다.

그뿐인가요? 1년 살기를 하며 이미 책을 3권이나 출판한 작가가 되었고, 앞으로도 나올 책들이 대기 중입니다. 여성벤처에 도전해서 사업자금을 얻었으며 우리들의 이야기로 잡지사 인터뷰도 했습니다. 눈에 보이는 것 외에도, 우선 자신감을 얻었고, 다른 사람들을 돕고 싶다는 마음을 얻었습니다. 할 수 없을 것 같다고 포기하는 사람들에게 같이 하자고 말할 수 있는 용기가 생겼고, 함께할 수 있는 지원군들이 생겼습니다. 이들과 함께라면 못할 것도 없을 것 같습니다. 이런 것들을 돈으로 매길 수 있을까요?

가장 중요한 것은 제 삶이 너무나도 가치 있게 느껴졌다는 것입니다. 아이를 임신해서 처음으로 내가 아닌 다른 사람들을 위해서 살겠다는 기도를 하게 되었고, 지금은 그 약속을 지키려는 마음으로 살고 있습니다.

다른 사람들을 위해서 산다고 하지만, 내 인생이 더욱더 가치 있게 느껴지는 것이 더 큰 선물입니다. 아침에 눈을 뜨는 것이 행복하고, 빠듯한 마감일이 다가오는 게 기분 좋은 스트레스가 됩니다. 서로가 힘내라며 당 충전용으로 보내주는 커피 한 잔과 케이크 한 조각에 세상을 얻은 듯한 기분을 느낍니다.

결국에는 '사람'입니다. 눈에 보이는 작은 돈이 아니라 결국 나를 웃게 하고 나를 행복하게 하는 것은 함께하는 사람들입니다. 모임을 통해서 가끔 나를 힘들게 하는 사람들도 만나기는 하지만 세상에는 그보다 더 멋진 사람들이 많다는 것을 알려준 것도 사람들입니다. 사람이 세상에서 제일 무서워! 라고 하지만, 사람들이 나를 꿈꾸게 하고 희망을 갖게 합니다.

앞으로 우리에게 필요한 것은 말 잘 듣는 로봇이 아니라, 나와 소통하며 무언가를 만들어나갈 수 있는 사람들입니다.

사람을 알아가고 사람을 배워갑니다. 작은 소모임을 통해서 삶의 기쁨을 느껴보십시오. 많은 사람들이 모여야 할 수 있는 것이 아닙니다. 그리고 시작이 대단할 필요도 없습니다. 1년 살기의 프로젝트도 언제나 시작은 작았답니다.

"응원도 나눔이고 성장이다!!" 라는 한 1년지기의 말이 떠오릅니다.

함께하는 힘은 당신이 생각한 것보다 훨씬 더 큰 그 이상의 것을 만들어냅니다. 작은 모임을 통해서 기획자로서의 멋진 삶을 살아보십시오. 아마 그 맛을 본 당신은 결코 그 이후의 것을 놓지 않을 것입니다!!!

PART 3

내 삶에 온 기회들을 향해 YES를 외쳐주세요!

● 나르샤 (송귀옥)

와이즈만 영재교육원, 맹학교 방과후 학교에서 수학 강의를 했고, 44세에 방송통신대학 교육학과를 졸업했습니다. 14년 육아일기를 쓰고 '나는 Daily 작가, 주인공은 가족' 강의를 합니다. 2020년 국가기관 리더십 강사 선정, 서울시 50+청춘본색 강사가 되어 미래설계와 자기계발에 대해 강의하는 사람이 되었습니다.

내게 온 기회에 두 팔 벌려 "Yes!" 하고 그 경험을 누리려고 합니다. 나의 실패와 성공 경험을 여러 사람과 공유하는 삶을 살고 있습니다.

브런치 brunch.co.kr/@narsha-now

인스타그램 @narsha.now

좋은 엄마가
되고 싶었어

남자친구와 만난 지 9년차 되던 12월, 저는 서른을 며칠 앞두고 결혼했습니다. 결혼 전까지는 창원에서 살았고, 신혼여행 후 저는 서울사람이 되었죠. 그리고 다음 해 12월에 첫째 아이가 태어났습니다.

결혼 전에는 '좋은 사람이 되는 것'이 목표였고, 아이를 출산한 후에는 '좋은 엄마'가 되고 싶었습니다. 열심히만 하면 좋은 엄마가 될 수 있는 줄 알았습니다. 육아 100%, 일 100%가 목표였으니 욕심이 과했지요. 아이 낳고 5개월이 되자 회사에서 복직 의사를 물었습니다. 저는 고민 끝에 워킹맘을 선택했습니다.

그리고, 첫 아이 6살 때 두 번째 천사가 찾아왔어요. 5년의 워킹맘 생활을 접고 전업주부가 되니, 퇴근 후 어린이집에 종종 걸음으로 안 가도 되고, 아이가 아플 때 함께할 수 있어서 좋았습니다. 아이들과 부비부비 하며 많은 추억을 만들고 싶었습니다. 드디어 좋은 엄마의 꿈을 이룰 수 있다고 생각했습니다.

그런데, 큰아이가 초등학교에 들어가면서부터 배가 아프다며 학교에 가기 싫어 했습니다. 학교보다 병원으로 가는 날이 잦았습니다. 소아과가 9시에 문을 여니, 학교는 10시가 되어야 갈 수 있습니다. 의사 선생님은 "괜찮아요. 약을 먹고 괜찮다고 하면 심리적인 거니까 병원에 들렀다가 학교를 가게 하세요" 하셨고, 저는 담임선생님께 "아이가 배가 아파서 병원 갔다가 등교하겠습니다" 라는 문자를 보냈습니다. 선생님과의 메시지 함은 아이의 지각 내용으로 쌓여갔습니다.

선생님께 보낼 문자를 작성하며 '죄송합니다'를 썼다 지웠다를 무수히 반복했습니다. '아이가 아파서 늦게 가는 건데 이게 왜 죄송한 거지?' 했다가 '늦는 일이 반복되고 있으니 죄송하다고 붙이자' 이렇게 오락가락하더군요. 아이의 상태를 선생님께 전하고 상담을 요청을 하는 게 좋았을 텐데, 그때는 그 생각을 하지 못했습니다. 소아과 선생님이 아이를 진료하다가 "엄마는

괜찮으세요?" 하며 운동이나 취미활동을 권하셨습니다. 제가
답답해 보였나 봅니다.

아이는 (엄마 기준으로) 작은 일에도 자주 짜증을 내고 화를 냈
습니다. 여덟 살 아이가 자기 방문을 쾅 닫고 들어갑니다. 조금
뒤, 빨간 색종이에 글을 써서 문 앞에 붙입니다.
"들어오지 마! 나 화 났어!"
꽉 닫힌 방문을 바라보며 생각했습니다. 저도 답답한데 아이가
왜 화가 났는지 이유를 모르겠습니다. 퇴사를 하고 전업주부만
되면 아이과 대화가 될 줄 알았습니다.
제 몸에 이상신호가 나타났습니다. 충분히 숨을 들이마실 수
있을 것 같은데 막상 들이쉬면 2초도 안 되어 '턱' 하고 가슴이
막혔습니다. 숨이 편안하게 쉬어지지가 않습니다.
둘째를 유모차에 태우고 동네 공원에 앉아 있다가 정신과가
근처에 있을까? 하며 병원 간판을 하나씩 찾아본 날도 있었습
니다. 우울증 경계에 있었던 것 같습니다. 누군가 내 어깨에
손만 올려도 눈물이 주루룩 흘러내렸습니다.
많은 육아서를 읽고 강의를 쫓아다녔습니다. 둘째를 아기띠
에 안고 열심히 다녔지만 강의의 효과는 딱 그날 밤까지였습니

다. 강의의 내용과 내 삶의 간극은 너무 컸습니다. 그때 친구에게 P.E.T(효과적인 부모역할 훈련) 6개월 교육을 소개 받았습니다. 동대문 정보도서관의 조무아 선생님입니다. (지금도 육아로 어려운 문제가 있으면 전화로 상담을 받습니다) 자동차로 한 시간 거리에 있는 곳이지만 지금 큰아이와 소통할 수만 있으면 거리는 상관 없었습니다. 엄마가 교육을 받기 위해 30개월인 둘째는 어린이집에 입학했습니다. 제 마음은 큰아이와 지금 대화가 되지 않으면 아이에게 사춘기가 왔을 때 더 큰 가족문제가 될 거라는 위기감으로 가득했습니다.

아이와의 관계를 해결하는 과정에서 정말 중요한 것이 빠졌다는 걸 알게 되었습니다. 문제는 아이가 가지고 있고, 그 해결책도 아이가 가지고 있다는 것입니다. 그런데 엄마인 저는 계속 다른 곳에서 해결책을 찾고 있었습니다. 이 방법을 써도 안 되고, 다른 방법을 써도 안 되고, 또 다른 방법을 찾아야 하나 보다 하고 푸념했습니다.

문제를 가지고 있는 아이와 대화를 하지 않았습니다. 대화가 불편하니 피했는지도 모릅니다. 아이가 엄마에게 말, 몸짓, 표정 등으로 문제점을 표현하고 있었는데 제가 알아채지 못했습니다. 아이가 표현하는 줄을 모르니 엄마가 아이를 보는 시선에 답답함이 묻어 있습니다. 엄마의 불편한 비언어적 표현을 아이는 느꼈을 것입니다.

제 아이와 관계가 어려웠던 원인은 두 가지입니다. 그것은 걸림돌과 이면교류입니다. 타인과 좋은 관계를 유지하는 데 있어 옳은 이야기를 하는 것은 '걸림돌'이라고 합니다. 상대가 원하지 않는데 나는 옳다고 이야기를 하는 모든 게 걸림돌이 될 수 있답니다.

조무아 선생님이 엄마 수강생들에게 말씀하십니다.

"자! 지금 교실에 에어컨을 오래 틀어뒀어요. 그래서 춥다고 느끼고 있는 상태입니다. 선생님께 뭐라고 할지 한 분씩 표현해 보세요. 그러면 이 상황에서 제가 걸림돌을 써 보겠습니다."

한 엄마가 "선생님, 교실이 너무 추워요" 하니 선생님이 말합니다. "여름에 에어컨 밑에 있으면 추운 걸 몰랐어요? 여벌옷은 가지고 다니셔야죠?" 헉! 그 이야기를 들었는데 답답합니다. 말은 맞는 말입니다. 그러나 나의 상황도 모르고 하는 말 같아서 기분은 안 좋습니다. 옳은 말이 아이들에게 어떤 감정을 일으키는지를 엄마도 느껴봤습니다.

이면에 다른 의도를 숨기거나 표면적으로 대화를 이어가는 것을 '이면교류'라 말합니다. 저는 마음이 불편할 때도 괜찮다고 하는 편입니다. 엄마 아빠가 장녀 장남인 집에서 태어난 첫째라 그런지 가족의 심리 상태가 곧 저의 심리 상태가 되었습니다. 내가 안 좋은 걸 알고 "너는 어떠냐"고 물어보는데도 나는 괜찮다고 합니다. 이면교류는 현재 상황을 나쁘게 만들기 싫고, 내 한 몸 움직이면 모두가 평화롭다는 생각이 바탕에 깔려 있습니다. 온갖 인상을 다 쓰면서 힘들지 않다고 이야기하는 모습이 상상이 됩니까? 나만 모르고 가족은 다 아는 나의 화! 아이마저도 자신의 감정과는 다르게 이야기를 합니다. 그러면 둘 사이에 있는 문제점을 찾을 수가 없습니다.

부모교육을 들으며 아이의 이야기에 귀 기울일 수 있는 방법을 모색했습니다. 엄마인 나 자신을 이해하고 살피는 일도 함께했습니다. 나 전달법을 듣고 집에 와서 시도해보았지만 실패하기 일쑤였고, 가뭄에 단비 처럼 아주 가끔 대화가 잘 되었습니다. 앞으로 더 좋은 관계를 형성하기 위해 잘된 점, 잘못된 점을 일기장에 기록했습니다. 상대가 무엇을 말하는 것인지 '듣기 영역'이 미약하게나마 되기 시작했습니다.

다음 글은 답답하던 그 시절 제 마음을 적어두었던 글입니다.

고맙다. 시현아!

엄마 마음대로 너를 휘두르지 못하게 해줘서…

너도 하나의 인격이 있듯 엄마가 시키는 대로 하지 않기에

이렇게 고민도 해보고

나의 행동을 돌이켜보게 해줘서…

고맙다. 돈아!

마음대로 돈이 펑펑 들어왔으면

몰랐을 너의 소중함을 알게 해줘서

한 번의 소비도 정말 필요한지 고민해보고

한 푼 두 푼의 소중함을 알게 해줘서…

지금까지의 경제관념이 이렇다고 알게 해주고

다른 방법을 찾도록 해줘서…

고맙다. 건강아!

마음대로 되지 않아서…

가슴이 답답하고 어지럽고

다리에 부스럼이 나고 목이 아파서…

몸이 20대인줄 알고 돌아다니지 말라고 말해줘서…

마음대로 쉽게 되지 않아서
나는 나방이 고치를 만들어서 들어가듯
내 마음 깊이 있는 나를 들여다본다.
날카롭게 세워져 있는 감정들을
부드럽게 매만진다.

고! 맙! 다!

그렇게 아이의 행동을 고치려고 시작했던 부모교육은 나를 살피고 들여다보는 것으로 방향이 바뀌었습니다. 결국 이 공부의 결말은 엄마의 삶이었습니다. 엄마의 삶이 주도적이고 행복해야 합니다.

내 삶의 선택의 기로에서 생각합니다. '만약 딸이 이런 상황이라면 내가 어떤 말을 해줄까?' 그러면 "뭐 어때, 한 번 해봐!" 라며 답이 바로 나옵니다. 친정 엄마가 삶을 어떻게 살아가는 것인지 보여준 것처럼 내 딸에게도 나의 삶을 보여주려 합니다. 앞으로 딸이 닮고 싶은 롤모델 중 한 명이 '엄마'가 되는 야무진 꿈을 꾸어봅니다.

도전! 혼 출!
(혼자 대회 출전)

'함께' '같이' '여럿이' 라는 단어를 들으면 저는 하이텐션이 됩니다. 그러나 아이들과의 시간 외에 혼자 있을 때에는 외로움과 슬픔에 빠져들었습니다. 전업주부가 된 후에는 돈을 아끼려고 사람을 만나는 외출을 줄였습니다. 커피 한 잔 값이라도 있어야 하는데, 그 한 잔이 아깝습니다. 좋아하는 사람들과 관계를 못하니 더 외로워집니다. 새벽에 나갔다가 집에 돌아와 4시간 겨우 잠자고 다시 출근하는 남편에게 나 좀 챙겨달라는 이야기가 차마 나오지 않습니다.

지인의 결혼식에 참석하여 주례사를 들었습니다. 주례는 "1인분의 삶을 살면서 각자의 자리에 바르게 서 있어야 한다" 였습니다. 사람인(人) 모양이 서로 상부상조하며 지내는 것이지요.

그러나 기대는 사람이 0.5인분이고 다른 이가 1.5인분이면 계속 받쳐주고 있는 사람은 평생 골병이 든다고 했습니다. 남편과 나 중에서 누가 누구를 떠받치고 있는 것인지 명확하게 구분할 순 없으나 '일단 먼저 내가 1인분의 삶을 살아야겠다'고 마음을 먹었습니다.

책으로 나의 간접 경험을 넓혀가던 어느 날, 《100km》라는 책을 읽고 가슴이 뛰었습니다. 고등학생 혼자서 100km를 걸었다고? 한국에도 걷기대회가 있는지 검색하고 한강 나이트 워크 대회를 신청했습니다. 15km 걷기 코스입니다. 혼자 해보기로 했습니다. 오랜만에 몸과 마음에 엔돌핀이 돌기 시작합니다.

평소에 종종 우울해하던 친구가 합창 단원이 된 후 이렇게 말했습니다.

"웃기게 들리겠지만 합창을 하고 나니 드레스 입을 생각에 운동도 해야겠고, 목 관리도 해야겠다는 생각이 들어. 구부정하던 몸도 곧게 펴서 소리 길을 만들어야겠고, 합창이 내 삶의 이유가 되고 있어."

나도 내가 좋아하는 일을 더 잘하기 위해서 친구처럼 몸을 바르게 사용하기로 했습니다. 오랜 시간 잘 걷기 위해서는 발톱

이 살을 파고 들어가는 것을 먼저 해결해야 합니다. 그동안 아프고 무서워서 계속 미루었는데, 이제 더 미룰 수 없어 병원을 찾아갔습니다. 잘 걷고 싶다고 마음 먹으니 몸, 팔, 다리, 허리 등 나의 몸 구석구석 하나하나가 다 귀하게 여겨집니다.

걷기대회 날, 저녁 7시, 사회자가 혼자 온 사람 손을 들어보라 하더군요. 하~ 정말 많은 사람들이 혼자 왔더라고요. 내가 이상한 게 아니었어요.

밝은 햇살 아래 스타트 라인에 서 있었는데, 점차 한강 너머로 노을이 보이기 시작했습니다. 이날의 코스는 원효대교 남단에서 출발해서 잠수교를 지나 다시 출발점으로 돌아오는 거였어요. 한강은 금세 야간 불빛으로 아름답게 변해가고 있었습니다. 나의 발로 땅을 누르며 1m를 걸어야 1km를 갈 수 있습니다. 이 생각을 자주 잊고 삽니다. 다른 사람과 비교하고 결과를 쉽게 얻고자 합니다. 그러나 변함없는 진리는 1km 표지를 만나야 5km도 갈 수 있다는 사실입니다.

그렇게 한 발 한 발 내딛다 보니 Finish 라인입니다. 스텝들이 박수를 치며 완주자의 목에 메달을 걸어주었습니다.

오후 10시 도착, 한강 나이트 워크 15km A구간 걷기대회 완주입니다. 기록은 3시간입니다. 미션에 성공한 뿌듯함이 온몸을 감싸 안아줍니다.

완주 성공! 저 앞에 입간판이 보입니다.

"나빴다면 경험, 좋았다면 추억"

저는 과거에 5km 마라톤을 연습 없이 도전했다가 앰뷸런스를 타고 집으로 간 경험이 있습니다. 실패했던 쓰라린 경험을 추억으로 바꾸고 싶었습니다. "역시 도전하기를 잘했어. 함께 갈 사람이 없다고 포기했으면 어쩔 뻔!" 내가 살아 있음을 느낍니다. 나는 내가 생각한 것보다 더 단단한 사람이었습니다. 대회 참여로 인하여 평범한 하루가 축제 같은 날이 되었습니다.

걸으며 뻐근함, 불편함은 있었지만 죽을 만큼의 고통은 아니었습니다. 왼발 앞에 오른발을 가져다두고 오른발 앞에 왼발을 가져다두기를 계속 반복하면 완주입니다.

오늘은 멋진 추억 한 페이지를 장식한 특별한 날입니다.

한라산 도전

가족 여행 갈 장소를 찾고 있었습니다. 중학생 딸이 친구에게 좋다는 이야기를 들었다며 백록담을 가보고 싶다고 말했습니다. "오케이, 가면 되지!"

네 식구의 한라산 도전은 이렇게 시작되었습니다.

9살 14살 딸 둘과 함께 남한에서 가장 높은 산인 한라산 (1,950m)을 목표로 삼았습니다. 가는 방법은 간단합니다. 제주도 항공권 구입, 숙소 예약, 여행 전까지 걷기 연습. 냉장고에 코끼리를 넣는 3단계처럼 한라산으로 가면 됩니다.

여행 당일, 태풍 링링이 우리나라를 강타했습니다. 날씨가 심상치 않자 아이들은 두 손을 모으고 기도를 했습니다.

"예수님, 제가 이럴 때만 기도하는 것 같지만 저희 제주도 꼭 가게 해 주십시오. 가고 싶어요. 도와주세요. 예수님 이름으로 기도 드렸습니다. 아멘."

315대의 비행기가 결항되었습니다. 우리는 17시 비행기. 결항이면 숙박비와 렌트비 등 100% 환불받을 수 있습니다. "공항에서 결항 소식을 들을지도 몰라. 공항 구경 한 번 하고 오지 뭐!" 태풍 링링이 오는 날, 집 근처 오거리에서는 간판이 날아갔다는데, 비바람이 몰아치는데, 우리는 캐리어를 끌고 여행을 갑니다. 그런데, 우리가 탑승할 비행기부터 이륙이 시작되다니요. 아이들의 소원은 이루어졌습니다.

제주도에서의 5박 6일 동안 날씨는 토(비) 일(비) 월(비) 화(맑음) 수(비) 목(맑음)입니다. 화요일이 한라산에 갈 수 있는 유일한 날입니다. 둘째는 고열이 나고, 엄마는 허리가 좋지 않습니다.

늦은 밤, 아이를 간호하다가 잠이 쉽게 오지 않았습니다. 책을 손에 잡습니다. 《안나푸르나에서 밀크티를 마시다》입니다. 이 책은 안나푸르나에 갈 생각이 전혀 없는 사람에게, 그 높은 고지에서 밀크티 한잔 마셔보고 싶은 충동을 일으킵니다.

8,000m 안나푸르나 이야기를 읽다 보니 1,950m 한라산은 동네 뒷산으로 느껴집니다. '1년 살기' 모임의 라마님도 생각이 났습니다. 허리 디스크로 아픈데 강의가 있어서 약을 먹고 계획대로 강의를 마쳤다고 했습니다. 아파서 서 있을 수도 없었던 상황이었지만 이번만큼은 자신을 이겨내보고 싶다고 했습니다. 책을 쓰고 작가가 된 성공의 경험이 아픔을 이겨낼 힘을 만들어주었다고 했습니다.

평소에 주변에서 들어왔던, 스쳐 지나갔던 말들이 많습니다. 그 말들은 나의 몸 어딘가 숨어 있다가 내가 비슷한 상황이 되면 갑자기 훅! 하고 가슴속에 파고 들어옵니다. "그래, 이왕 여기까지 온 것, 일단은 나서 보자!"

성판악 입구 - 속밭 - 진달래밭대피소 - 정상 백록담 코스입니다. 진달래밭대피소에 12시 30분까지 도착을 못하면 하산해야 합니다. 산을 오르며 1,000m씩 있는 돌 앞에서 인증사진을 찍으며 정상을 향해 걸었습니다.

아이가 등산하며 묻습니다.

"엄마! 올라가서 뭐해?"

"정상에서의 기쁨을 느끼고 간식 먹고…."

"그리고는?"

아이는 더 많은 이야기를 원하지만 딱히 할 말이 없습니다. 그건 정상을 잠깐 보는 허무함이 아닙니다. 산을 오르는 과정, 정상 도착, 내려오는 과정에서 생기는 단단함이 있습니다.

말없이 묵묵히 걸어나간 시간 끝에 정상을 밟을 수 있었습니다. 함께 이뤄낸 느낌, 어려움에 도전해서 이룬 기분이 우리를 끈끈하게 묶어주었습니다. 무거운 가방을 짊어진 아빠에게도 감사합니다. 함께 등반해준 아이에게도 감사합니다. 정상의 시원한 바람, 강렬한 햇살은 기분을 더없이 좋게 해주었습니다. 백록담의 분화구에 물이 고여 있습니다. 고인 물도 태풍 링링이 준 선물이었습니다. 산 정상 표석에서 독수리 오형제처럼 멋있게 인증샷을 찍었습니다. 이 순간, 마음은 백두산도 갈 태세입니다.

남편과 첫째는 한라산 등반 인증서를 받기 위해 선발대로 내려갔습니다. 정말 끝없이 내려가는 길이죠. 둘째와 저는 천천히 우리의 속도로 내려갑니다.

성판악 입구에 도착하니 남편과 첫째가 두 팔 벌려 반겨주었어요. 가족들의 품에 안겼습니다. 헤어진 지 4시간 만에 가족이 이렇게 반가울 수가 있는 겁니까! 오전 7시 20분 등산 시작! 오후 5시 40분 하산 완료!

누군가가 여행은 눈 뜨고 꾸는 꿈이라 했습니다. 오늘이 딱 그런 날입니다. 엄마, 아빠는 아이들에게 엄지 척 합니다.

9살이 산에 왔다고 둘째 아이는 어른들에게 "넌 큰사람이 될 거야!" "대단하다" 칭찬을 많이 받았습니다.

"경은아! 너 어떻게 한라산에 올라갈 수 있었어? 도대체 비법이 뭐야?"

"나를 응원해주는 사람이 많았어. 해피 바이러스를 직업으로 하는 사람들이 있는 것 같아. 그래서 점점 올라갈수록 힘이 났어. 처음 보는 나에게 그렇게 많은 사람들이 힘을 준다는 게 완전 신기했어."

둘째의 등반 비결은 칭찬과 응원입니다.

"다시는 이런 기회가 안 올 것 같았어. 너무 힘들었는데, 이번에는 끝까지 가야겠다는 마음이 생겼어. 그래서 속으로 끝까지 가고 말 거야, 라고 생각했어."

첫째의 등반 비결은 내적 동기부여와 목표에 대한 결심입니다. 우리 가족은 성공의 기쁨을 함께 들이키며 텐션 업이 되었습니다.

혼자서 걷기대회를 나가다니요? 평소에도 산이라고는 한 번도 안 가던 가족이 한라산이라니요?

얼마 전까지만 해도 저는 직장, 가족, 나에게 열심히 하면 할수록 답답한 마음이 불쑥 생겨났습니다. 행복하려고 애를 쓸수록 눈물이 났었구요, 나만 애쓰고 있다는 생각이 가득했습니다. 나도 모르게 마음의 문이 시나브로 닫히고 있었던 시기를 다행히도 무사히 지나왔습니다.

한 번 실패했던 일, 원래 싫어하는 일, 못할 것 같은 일이 늘어날수록 앞으로 내가 할 수 있는 일은 점점 줄어들었습니다. '부딪침이 싫어서' '시간이 없어서' '아이가 둘 있어서' '지금 말고 나중에' '때가 되면' '언젠가는' 제가 자주 사용하던 말입니다. 어느 날 라디오에서 "지금 안 해서 그렇지 내가 한 번 하면 또 잘하잖아~ 라고 말씀하시는 분 계신가요? 당신은 지금 아무것도 하지 않고 있다는 이야기입니다." 라는 말이 나왔습니다. 딱 나에게 하는 말이었습니다.

운동을 해야겠다고 마음 먹었습니다. 어떤 운동을 해볼까? 고민하고 또 했지요. 어느 날, 세상에! 운동을 뭘 할까 고민만 1년 6개월이야. 말도 안 돼. 생각은 이제 그만! 지금부턴 행동이다. 부릉부릉~ 행동이 예열된 상태에서 저는, 1년 살기를 만났습니다.

경험의 폭을 넓히는
1년 살기

퀸스드림님의 블로그를 6개월간 눈팅만 하다가 참석 의사를 문자로 보냈습니다. 매월 초에 계획을 세우고 결과를 체크하는 일이 제게 필요했습니다. 여럿이 함께한다면 꾸준함을 장착할 수 있을 거라는 기대감도 있었습니다. 아는 사람이 아무도 없는 곳에서 자유롭게 행동해보고도 싶었습니다. 익숙한 내 모습이 아닌 다른 모습을 만나고 싶었습니다. 가족에게는 엄마가 한 달에 한 번 오전 9시에 토요일 독서 모임이 있다고 알렸습니다. (1년 살기를 한 문장으로 설명하기 어렵더군요)

첫 날, 원피스를 입고 강남역으로 향했습니다. 그 날은 퀸스드림님의 발표가 있었습니다. 《내 인생의 판을 바꾼 1년》 책을 출판한 후의 힘들었던 과정을 이야기하는데 가슴에 와 닿았습니다. 리더가 힘들다고 말하는 게 부끄럽다고 생각할 수도 있는데 그녀는 아니었습니다. 도전을 하면서 넘어진 이야기, 또 넘어진 이야기, 그리고 끝내 결과를 만들어내는 진솔한 그녀의 이야기가 오히려 힘이 되었습니다.

"넌 왜 그렇게 열심히 살려고 하니? 언제까지 학생을 할 거니? 그냥 이젠 좀 쉬지? 인생의 대부분을 자기 찾기 하는 거 아냐? 왜 그렇게 힘들게 살아?" 하는 주변의 이야기를 들었습니다. 듣는 것도 한두 번이지 가끔은 내가 좀 이상한 사람인가 하는 생각이 들었습니다. 그런데, 1년 살기 모임에 왔더니 죄다 그런 사람만 있습니다. 삶의 가치를 찾아가는 사람, 새로운 일에 가슴 뛰는 사람, "일단 한 번 해보고 아니면 말고"를 외치며 행동하는 사람들입니다. 이 모임에서는 제가 평범해 보여서 마음이 편안해졌습니다.

다른 멤버들이 나누는 삶의 이야기는 나의 과거 경험을 객관적으로 바라볼 수 있도록 도와주었습니다.

결혼 후 서울 타향살이의 두려움을 발표했습니다. 무아님은 주재원 남편을 따라 중국으로 아이 둘을 데려갔는데 중국어를 못해 집 밖을 못나간 경험담을 말합니다. 그녀는 중국살이 6년의 경험으로 지금은 중국어 강의를 합니다. 살벌한 중국이 든든한 중국으로 바뀐 이야기를 들었습니다.

또 지혜님은 결혼식 이틀 뒤에 일본에서 살게 되고, 다음 해는 생후 5개월 된 아이와 런던으로 거주지를 옮겼다고 합니다. 저는 국내에서 버스를 타고 친정을 갈 수 있고, 한국말도 통합니다. 우리 세대는 결혼 후 아내가 남편의 직장이 있는 곳으로 옮겨가는 것이 당연했습니다. 남편의 잘못도 아니고 누구를 탓할 문제도 아니었습니다. 한 시대에 살고 있는 여성들의 이야기였습니다. 서로의 삶을 이야기하는 것, 듣는 것만으로도 제 마음의 상처가 아물기 시작했습니다.

우리에겐 결국 나의 이야기를 내어놓을 자리가 필요했나 봅니다. '나, 이렇게 불안했다'는 이야기를 입 밖으로 뱉어봅니다. 나의 삶을 정리하여 말하면, '그랬구나. 그렇게 살았구나. 힘들었구나' 하는 이해의 눈빛이 부메랑이 되어 화자에게 되돌아옵니다. 불안으로 가득 찼던 머릿속이 가벼워집니다. 첫 번째 발표 후, 아픈 과거를 툭툭 털어버린 느낌이 들었습니다. 다양한 삶의 생생한 이야기를 들으며 첫 번째, 경험의 폭을 넓힙니다. 건석님은 여성들의 모임을 지지하는 큰언니입니다. 여성들이 모임에 나오는 것은 딸들이 사회에 나와서 활동하는 무대를 미리 만들어주는 역할이 된다고 일러주었습니다. '1년 살기'의 좀 더 큰 그림도 그려줍니다. 딸 둘의 엄마가 모임에 참석하는 의미가 건석님의 이야기를 들은 후 더욱 확장됩니다. 두 번째, 경험의 폭을 넓힙니다.

송편님은 작가 한명 한명을 발굴하고 책에 생명을 불어넣는 편집자입니다. 책을 만드는 이야기가 신기합니다. 출판한 책 하나 하나가 자식처럼 에피소드가 많습니다. 책을 만드는 에디터의 이야기를 어디서 이렇게 가까이서 들을 수 있겠습니까? 직업군의 이야기를 듣습니다. 세 번째, 경험의 폭을 넓힙니다.

한 달에 한 번 세우는 목표 중에서 경험에 초점을 둔 '일단 한번 해보기'가 있습니다. 지금까지 하지 않았던, 하기 싫었던, 경험하지 못했던 일 중에 새로운 도전과 경험 만들기입니다. 지금까지 하지 않았던 일들은 과거의 그 순간에 기분이 나빠서, 함께하는 사람이 마음에 안 들어서, 그때 돈이 없어서, 부끄러워서 등의 이유가 있었을 텐데, 그건 과거의 일이고 지금은 다를 수 있으니까요.

1년 살기 모임 후 세상 처음 만나는 일을 시도해봅니다. 그리고 기록합니다.

이상하게 생겨서 먹지 않았던 닭발은 생각보다 쫄깃하니 맛있었습니다. 장기기증 증서 작성하기는 서류 작성이 쉽지 않았고, 생각보다 마음이 무거웠습니다. 사인하기도 전에 일단 나는 죽어 있고, 죽었는데도 뼈와 시신을 나와 동일시합니다. 남편에게 내가 죽으면 나의 시신을 사용할 수 있도록 당부했습니다. '여행으로 준비하는 초등입학' 팟캐스트에도 게스트로 출연했습니다. 새로운 일에 몸을 담가보는 경험은 나의 잠자고 있던 감각들을 깨어나게 했고, 그 과정은 무척 즐거웠습니다.

평생교육사 자격 실습 과정에 '나만의 프로그램을 개발' 하는 과제가 있습니다. 큰아이 때부터 써온 육아일기 25권을 소재로 강의로 만들었습니다. 강의명은 '나는 Daily작가, 주인공은 우리 가족'이었습니다. 원래는 여성프라자 회관에서 강의를 개설했는데, 신청자가 한 명도 오지 않았습니다. 대표님이 "혹시 도토리 어린이집에 가서 강의를 하면 듣겠다는 분이 있는데, 갈래요?" 하시길래, 바로 육아일기 25권과 출판된 육아일기 책을 챙겨서 세 엄마 앞에서 강의를 했습니다. 엄마들이 무척 좋아했습니다. 대표님은 저에게 장소를 옮겨서 강의해보겠냐고 하시면서도 "NO" 라는 대답을 들을 줄 알았답니다. 하지만 저는 지금 특별한 1년을 살고 있잖아요. 강의를 할 수 있게 기회를 만들어주시니 감사했습니다.

그 다음 달 목표에는 '육아 강의 제안서 내기' 라고 썼습니다. 퀸스님과 이야기하던 중 10년 동안 쓴 육아일기로 어린이집에서 강의를 했다고 하니 "1년 살기에서 강의해볼래요?" 합니다. Yes! 라고 말합니다.

Yes!로 열리는
기회의 문

당신이 어떤 일을 해낼 수 있는지 누군가가 물어보면 대답해라. "물론이죠!" 그 다음 어떻게 그 일을 해낼 수 있을지 부지런히 고민하라. - 시어도어 루스벨트

망설이는 시간이 길었던 저에게 도전의 시작점에서 꼭 필요한 말이었습니다. 1년 동안은 할까 말까 고민 말고 '어떻게 잘 해볼까'에 집중하고 싶었습니다. 루스벨트의 말을 가슴에 담았습니다. 그렇게 Yes! Yes! Yes!를 외친 후 다양한 도전이 시작되었습니다.

첫 도전은 만보 걷기였습니다.

운동을 해야 하는 이유는 알고 있지만 도무지 몸은 움직여지지 않았습니다. 한 달 목표를 만보 걷기로 정했습니다. 사람들 앞에서 목표를 알렸습니다. 그렇게 만보 걷기를 해야 할 이유를 만들었습니다.

운동 과정을 인증하며 기록으로 남겼습니다. 나의 몸 근력, 마음 근력이 함께 성장합니다. 지금 시각 11시 36분.

1년 살기 카톡방에 글을 남겼습니다. "야밤에 만보가 안 된 것을 발견하고 걸으러 갑니다. 12시 전까지 4,000보 걷기 가능할까요?" 걸으면서 시계를 확인하니 오늘이 24분 남았습니다. 24분은 1,440초입니다. 1초에 3걸음은 걸어야 합니다. 바로 달리기 시작합니다.

목표 달성을 못하더라도 만보에 근접하고 싶었습니다. 적어도 노력은 하고 싶었습니다. 안 될 것 같아서 그만 두는 것과 안될 것 같은 데도 한 번 해보는 것!!! 그 선택이 일을 완성하게 한다는 것을 압니다. 운동 앱에서 1km를 뛰었다고 안내 음성이 나옵니다. 12시 5분 전입니다. 제자리에서 발이 안 보일 정도로 속도를 높였습니다.

12시가 넘으면 기록에 1도 추가할 수가 없습니다. 자정이 넘으면 걸음수가 0으로 바뀌어 버리거든요. 다시는 되돌릴 수 없는 오늘의 기록을 위해 최대한 왼발 오른발을 빨리 바꿉니다. 달밤에 집 앞 가로등 아래서 아줌마가 홀로 제자리 뛰기를 하고 있습니다. 혼자서 히죽 웃습니다. 이제 2분 남았습니다. 더 힘이 남아 있나 할 정도로 전력 질주합니다. 안 되면 어쩔 수 없지요. 혼자서 얼마나 발을 번갈아가며 뛰었던지 마지막 10분을 뛰고는 녹초가 됩니다. 시계가 12시를 알린 후 저는 멈춰 섰습니다. 마지막 고스톱 패를 보듯이 핸드폰 화면을 마음 졸이며 봅니다. 아싸! 앞자리가 9가 아니라 1입니다. 기록은 10,025걸음입니다. 역시 운동하러 나오길 잘했습니다.

두 번째는 3km 마라톤입니다.

운동은 필수 습관입니다. 엄마가 된 후 체력이 예전 같지 않습니다. 건강은 기본입니다. 지난해 8월, 헬렌님이 3km Pink Run 마라톤 대회를 카톡방에 올렸는데, 멤버들 몇 명이 함께 달리기로 하고 참가비를 먼저 입금합니다. 10월 대회니 연습하면 되지 않을까요? 아직 3km를 달리지는 못합니다. '대회의 가장 작은 목표에 도전하자!' 1년 살기에서는 통하는 마음입니다. 함께 달려보자는 아내의 제안에 "3,000m는 대회가 아니다" "3km는 애들이나 뛰는 거다" "철인 3종 정도면 생각해 보겠다"

는 남편의 이야기에도 우리는 굴하지 않습니다. 함께할 동료들이 있으니까요.

대회날 아침에 조금 부지런히 움직였더니 나의 삶에 이벤트 선물이 하나 추가되었습니다. 멤버들과 맛있는 간식도 먹고 완주 메달도 받았죠. (헉! 완주 메달이 비닐 봉지 안에 간식 빵과 함께 있습니다) 메달을 걸고 단체 인증샷을 찍었습니다. 함께 참석하니 재미가 훨씬 큽니다. 지금 체력을 유지하고 발전시켜서 내년 5km 도전을 약속합니다. 마라톤은 못하겠다고 생각했는데 함께할 친구들이 있어서 도전할 수 있었습니다. (올해는 랜선 달리기 대회였습니다. 마라톤 5km 미션을 완료했습니다)

세 번째는 강사로 한걸음 내딛게 됩니다.
1년 살기에서 제가 강의하는 것을 본 퀸스드림님이 강의 콘텐츠 모집 공고가 나면 저에게 메일을 보내줍니다. 지난해 국가기관에서 강사 모집하는 것을 알려주어 자료를 준비하고 등기로 보냈습니다. 외부 강사 신청을 해본 적이 없어 서류가 엉성합니다. 결과는 불합격입니다. 관계자분이 서류가 잘못되었다고 연락을 주셨습니다. '다음 달에 다시 도전해보시고 궁금한 점이나

도움이 필요하시면 이 전화번호로 연락을 하세요" 라고 했습니다. 그냥 넘어갈 수 있는 부분이었잖아요. 그 분의 전화가 저의 작은 Yes!에 대한 화답처럼 들려왔습니다. 저는 또 도전했을까요?

1년 살기에 관심은 있으나 주말에 참석하지 못하는 사람이 있습니다. 그들을 위해 평일 오전에 파일럿 소모임을 주최하였습니다. 4회로 예정하고 발표자는 나르샤, 하이영, 퀸스드림, 순간님입니다. 첫 발표자를 정할 때, "제가 한번 해볼게요" 했습니다. 1년 살기 멤버 세 명이 함께 참석하니 마음이 편안해집니다. 정해지지 않은 강의는 구상하기 어렵지만 나만의 강의가 탄생했습니다.

신기합니다. 강의에 참여하신 분이 오히려 고맙다고 했습니다. 소소하지만 작은 도전기, 실패담, 시련, 성공담을 듣고 용기가 생겼다는 피드백을 받았습니다. 저의 이야기를 듣고는 작은 성공이 만만해 보여서 시작할 수 있는 힘이 되었나 봅니다. 평범한 사람이 하는 건 나도 한번 해볼까? 하는 마음이 생기니까요.

1년 살기 파일럿 소모임 후 참석자의 후기입니다.

어제 3시간 동안 이야기를 나눈 시간은 저의 삶에 힘을 실어준 것 같아요. 다른 분들의 이야기를 들으며 제 이야기 같았고, 또 같은 상황에서도 저와는 다른 생각을 한다는 걸 알았을 때엔 큰 깨달음이 있었습니다.

그리고 다른 모임 강의와 달랐던 것은 제가 집에 돌아와서 아이들을 재우고 1년 다이어리를 읽어보며 인생 처음으로 버킷리스트를 작성해 보았다는 것입니다. 생각을 글로 적어보니 단순히 생각만 할 때와는 사뭇 달랐습니다. 글로 쓰는 것만으로도 내 남은 인생을 더 알차게 살아야겠단 생각이 들었거든요. 그리고 다른 이의 책이 아닌 직접 경험하고 치열하게 고민한 흔적이 역력한 책 《다시, 시작합니다》는 저에게 큰 울림을 주었습니다. 2주 후 소모임도 12월 모임도 함께하고 싶습니다.

대단한 사람의 도전은 나와는 머나먼 성공기일 수 있습니다. 그러나 보통 사람의 도전 이야기는 나도 한 번 해볼까? 하는 마음을 갖게 해줍니다. 그렇게 서로의 도전이 새로운 도전을 불러일으키며 성장하고 있는 중입니다.

1년 살기
두 바퀴째

처음 시작할 때는 1년 뒤 생각의 변화를 예상하지 못했답
니다. 머리로 성을 쌓았다가 부수기만 하고 있어서 행동하는
사람들 언저리에 있고 싶었는지도 모르겠습니다. 올해 처음 들
어온 멤버가 저를 보며 발표도 잘하고 용기 있는 모습을 닮고
싶다고 했을 때 사실 놀랐습니다. 1년 안에 일어난 일이라니
요… 네, 맞습니다.

제 2의 직업을 갖는 것을 소망했습니다. 책도 쓰고 강연도 하
고 싶었지만, 일단 해볼 수 있는 것이 자격증이었습니다. 방송
통신대학교에서 평생교육사 자격증을 땄습니다. 자격증은 땄
지만 일로 연결이 되지는 못했습니다. 과정이 끝나도 길 찾기

는 어려웠습니다. 책을 쓰려면 책쓰기 학교, 강의를 하려면 강사 스쿨을 수강합니다. 비용도 만만치 않습니다. 그런데 신기하게도 1년 살기에서 작가가 되고 강사가 되었습니다. 그것도 남이 주는 원고가 아니라 저의 경험을 녹여낸 나르샤만 할 수 있는 콘텐츠들입니다. 이 과정이 신기하고 감사합니다.

작년 겨울에 지원하고 떨어졌던 국가기관 강사 모집기간이라는 메시지가 왔습니다. 알았다고는 했지만 신청하는 걸 잊고 넘겨버릴 수 있었습니다. 제 마음은 코로나블루였습니다. 그러자 "혹시 내가 연락 안 하면 안 할 것 같아서… 우선 내보고 되면 좋고, 안 되면 말고! 나르샤님 강의 잘하는 거 아시죠? 저도 인정하고 다른 사람들도 인정하는 거니까, 용기 갖고 해보세요." 라는 응원의 메시지가 도착합니다.

마음먹고 서류를 작성했습니다. 저는 대학 졸업 이후 학생들에게 수학을 가르쳤습니다. 강사의 커리어 밑에 쓸 내용이 없습니다. 얼마 전 방송통신대학교 평생교육사 자격증을 빈 칸에 적어 넣었습니다. 수학 강사 지원을 할 때는 빈칸을 채워 넣을 경력이 많습니다. 진로를 바꾸니 가득 찼던 경험들이 모두 빈칸이 되고 맙니다. 지금까지 해놓은 게 없는 사람이 되었습니다. 내가 왜 강의를 하고 싶었던 것일까? 스스로에게 질문을 해 봅니다.

강사는 1년 살기에서 '나의 삶' 에 대해 첫 발표를 하면서 생긴 꿈입니다. 현재 큰 성공을 이룬 사람은 아닙니다. 그러나 일단 변화의 선상에 있고, 그 변화를 통해 느낀 점을 말할 수 있습니다. 그 이야기를 듣는 사람이 공감한다면 그것은 자기계발 강의가 될 것이라 생각했습니다.

신기하게도 서류 준비를 하기 전에는 무기력 상태였는데, 자기계발 강의자료를 만드니 가슴에서 다시 뭔가가 꿈틀댑니다.

앞서 성장한 사람들의 이야기도 필요하고, 지금 성장 과정에서 넘어지는 사람의 이야기도 필요합니다. 만만한 나의 이야기는 도전에 대한 진입장벽을 낮춰줄 거라 생각했습니다. 그래서 지금 나의 이야기를 자기계발 분야의 콘텐츠로 정했습니다. 강사 이력에 전) 수학 강사 현) '1년 살기 대표강사'라 기록합니다. 아무도 대표를 시켜주지도 않았는데 혼자서 1년 살기의 대표 강사가 되었습니다. 어떻게 이렇게 작성했는지 돌이켜보면 신기합니다.

며칠 뒤 영상을 찍어 보내라는 1차 합격 문자를 받았습니다.

그 이후의 과정은 안 보이는 힘에 이끌려서 진행되었습니다. 2차 서류는 강의 시안 동영상과 PPT 심사가 있습니다. 아마 혼자였다면 엄두가 나지 않았을 것입니다. 황금 같은 일요일, 퀸스드림님이 도와준다고 하여 약속을 잡았습니다. 먼저 해본 사람이 내밀어준 귀한 도움입니다. 제 마음이 빈곤할 때는 그 도움도 자존심으로 받지 않았는데, 지금은 덥석 잡습니다. (하겠다고 했지만 제 발이 쉽게 떨어지지는 않았습니다)

소심해지는 나에게 카톡으로 메시지를 보냅니다. '아니야, 할 수 있어. 일단 머릿속에 있는 생각을 다 꺼내어봐. 지금까지 너의 생각의 변화들이 어떻게 일어났는지부터 써보자. 그리고 지금 하고 있는 작업의 마침표는 어떻게든 찍어보자.'

김미경 강사가 말하길, 처음 하는 일에는 자기에게 절대로 물어보면 안 되는 말이 있다고 합니다. "너! 자신 있어?" 처음 하는 사람이 무슨 자신감이 있겠습니까? 이 말을 자신에게 물어보면 대부분 힘이 빠져서 하던 일을 그만둔다고 했습니다. 그럼 할 수 있는 방법은? "일단 그냥 하라!" 입니다. 시간은 흘러가고, 마감 시간은 다가옵니다. 일단 일이 진행되는 대로 몸을 맡겼습니다.

이번 기회에 제대로 프로필 사진을 찍어보는 게 어떻겠냐는 제

안에 Yes! 합니다. Yes 후 홍대에서 메이크업샵을 먼저 예약했습니다. (제가 메이크업샵을 알아보는 일이 생기다니요) 비용이 10만원입니다. 예전의 저였다면 가격 고민을 하다가 없던 일로 했을 겁니다.

메이크업샵, 사진관, 발표 동영상을 찍을 수 있는 공간 대여까지, 예상 시간을 고려하여 세 곳을 예약하는 것은 너무 어려운 일이었습니다. 그러나 일단 지금은 진행하고 있는 일을 마무리 짓는 게 목표입니다.

이미지 촬영시 조명과 촬영 도구 앞에 있는 나의 모습이 아나운서 같다는 착각을 일으킵니다. '이렇게 나를 둘러싼 배경이 나의 마음과 몸짓을 결정지을 수 있구나.' 앞으로도 괜찮은 환경에 나를 자주 데리고 다니고 싶습니다.

여러 번 시도 끝에 동영상 촬영을 마쳤습니다. '송귀옥 강사' 라는 새로운 사람을 만들어가는 과정 같았습니다. 동영상을 편집할 때는 손발이 오그라드는 느낌이었습니다. 필요한 작업을 끝내고 발송 버튼을 누른 후 안도감이 들었습니다. 결과 발표일 후에도 국가기관에서 연락이 오지 않아서 "하나님! 강사 지원에 탈락을 해서 감사합니다. 더 준비하라는 뜻으로 알고 겸손

하게 다시 준비하겠습니다"의 기도도 올렸습니다.

3일 뒤, "2020년 리더십 강사로 선발되신 것을 축하합니다" 라는 합격문자가 왔습니다. 기분이 얼떨떨합니다. 리얼 대박! 진짜? 맞나? 하다가 잠시 멈춘 후, 혼자서 팔과 몸을 힘차게 흔들어 기쁨을 표현합니다.

1년 살기에 합격 소식을 알렸습니다. 저보다 더 기뻐하는 멤버들의 축하 메시지로 카톡방이 달궈졌습니다. 사람들의 진심 어린 축하 메시지 하나하나가 저에게 전달되며 뭉클했습니다.

화성인님이 카톡방에 랜덤 선물을 쐈습니다. "오늘은 내가 쏜다! 나르샤님 국가기관 강사 진출 기념" 합격은 제가 했는데 선물은 다른 멤버가 합니다. 그 다음 날은 미소님이 감사한 일이 생겼다고 랜덤 선물을 쏩니다. 함께하는 사람들이 저의 강사로서의 성장 과정을 알고 있으니 그 기쁨도 함께 축복해주었습니다. 이 분들이 얼마나 저에게 잘한다 잘한다 했으면 어깨 뽕이 생겼을까요? 이제 알고 있습니다. 둘째가 말하던 해피 바이러스 직업을 가진 분들이 1년 살기에 있다는 것을요. 그들은 제가 강의하기 전에 이미 눈과 귀와 가슴까지 내어놓은 청자들입니다.

저는 이곳에서 성장한 1년 살기 대표강사 나르샤입니다.

리더로
성장하겠습니다

남들 앞에 나선다는 것은 저에게 굉장히 어색한 일입니다. 회사에서도 끝내 팀장을 한 적이 없습니다. 저는 리더의 곁에서 최선을 다해 도와주는 일을 잘합니다.

주위 사람들을 독려하고 살피며 에너지를 모으는 일이 제 특기입니다. "그 정도 일하면 앞장서서 해볼 수도 있잖아?" 라는 자신의 질문에 저 스스로 "책임을 온전히 져야 하는 것이 겁이 나기 때문이지" 라고 제 마음이 솔직하게 말합니다.

내 안에 있는 책임감이 무거워서 리더라는 자리가 두려움으로 다가왔었습니다. '지금보다 더 어떻게 책임감을 가지라는 말이야?' 하던 생각에서 지금은 '이왕 있는 책임감으로 리더가 되는 게 낫지 않겠어? 어차피 책임질 거라면~' 합니다. 생각의 변화는 이렇게 종이 한 장 차이입니다.

리더로 성장해보겠다는 목표를 세워봤습니다. 리더라고 해서 거창한 것을 하는 게 아닙니다. 제 삶에 주어지는 일들을 적극적으로 받아들이고 어떻게 하면 일을 잘할 수 있을까 방법을 찾고 실행합니다. 방송통신대학교 출석 수업에서 팀으로 리포트를 취합하는데, 묵찌빠로 팀장을 정하기 전에 스스로 하겠다고 말했습니다. (처음 있는 일입니다!) 리포트를 취합하는 과정이 어렵고 잠도 부족했습니다. 팀원이 모일 장소와 시간을 조정하는 경험도 해봤습니다. 강의 내용을 학습하게 되고, 멤버들을 알게 되는 장점이 있었습니다.

'1년 살기'에서도 미션을 만들어서 이끌어봅니다. 9월 22일! "올해 딱 100일이 남았어요. 1년 목표, 월별 목표 중에서 딱 1개 정해서 100일 해보기" 매주 일요일마다 카톡방에서 띵똥 하고 100일 목표를 알립니다. 리더는 100일 미션을 성공할 수밖에 없습니다. 자신이 띵똥을 하니까요~.

1주일에 '띵똥' 하며 각자의 100일 습관을 카톡방에 알립니다. 리더가 된 책임감에 나의 습관이 몸에 배어 좋고, 멤버들도 습관 인증을 올립니다. 아주 사소한 것인데 멤버들이 감사인사를 합니다. 혼자서는 100일을 달릴 자신이 없기에 함께한 것뿐인데, 결과는 윈윈입니다.

올해는《습관 공부 5분만》의 도움으로 일주일에 습관 체크 횟수 / 누적 습관 횟수를 기록하여 카톡방에 올리기로 했습니다. 누적 기록이 쌓이면 자신감이 붙고 습관을 앞으로 지키기가 더 쉬워집니다. 누가 시키는 사람도 없는데 저는 혼자서 일을 벌이고 있습니다. (저는 왜 이러는 걸까요?)

'100일 습관 만들기'를 진행한 이유가 있습니다. 나의 삶의 질을 결정하게 되는 것은 '습관'이기 때문입니다. 일상에는 큰 일, 작은 일이 수시로 찾아옵니다. 그럴 때에도 어김없이 진행되는 습관들이 모이면 결과를 만들어줍니다.

좋은 습관이 일상에 장착되어야 합니다. 작은 습관이 쌓여서 마음이 단단해졌습니다. 만보 걷기를 통해 단단해진 몸의 근육을 느끼며 기분이 좋아졌습니다. 기분이 좋으니 운동을 합니다. 운동을 하니 적정량을 먹습니다. 적정량만 먹고 간식을 안 먹으니 살이 안 찝니다. 몸무게가 줄어드니 운동을 더 합니다. 이렇게 선순환이 이루어집니다.

1년 살기에서 버킷리스트를 작성했습니다. 과거와 달라진 점은 버킷리스트에 작성한 목표들을 쪼개어 일상에 배치합니다. 1년 살기 두 번째 표어는 "꿈은 남는 시간에 이루는 것이 아니라 시간을 만들어서 이루는 것이다"입니다. 버킷리스트의 항목을 잘게 쪼개어 일상에서 행동을 하도록 계획을 세웠습니다. 꿈 목록에 '작가'를 적었습니다. 하루의 일과를 기록하고 매일 만보 걷기를 합니다. 매일의 좋은 습관이 모이고, 습관이 좋은 결과로 자리 잡습니다. '~되었으면 좋겠다' 하고 생각만으로 사라지게 두지 않습니다.

어제도 했고 오늘도 했고 내일도 합니다. 현실의 이야기로 만들어냅니다. 습관으로 성장시키고 키워야 꿈이 탄생합니다. 두 번째 100일 습관을 운영하며 두 가지 시스템(글쓰기와 미라클모닝)이 저에게 장착되었습니다.

《사람 부자가 된 키라》에 이런 말이 나옵니다. "리더는 결코 특별한 사람이 아니다. 누구나 리더가 될 수 있다. 스스로에게도, 많은 사람에게도!"

리더라고 하여 거창한 것이 아닙니다. 1인분의 인생을 사는 것도 셀프 리더십이겠지요.

리더로 성장합니다

- 1인분의 삶을 살게 됩니다.
- 타인의 성장에 동기부여가 됩니다.
- 인생을 문제해결의 장으로 생각합니다.

리더가 되는 연습 중

- 학생 리포트 팀에서 팀장하기
- 100일 습관 미션 진행하기
- 1년 살기 두 번째 책 공동 저자 리더

2020년 버킷리스트

- 모닝 큐티
- 52kg 근육 있는 건강한 몸
- 5km 마라톤
- 만보 걷기
- 세바시 강의하기
- 연극 연 2회
- 작가되기
- 100권 책읽기
- 매년 2회 가족여행
- 엄마 칠순 여행
- 설악산 중청대피소 숙박, 일출보기
- Can you speak English? Yes, I can.

리더가 되기로 하니, 리더가 하는 모습을 더 자세히 관찰합니다. '1년 살기' 2기 멤버가 책을 쓰는 기획안을 퀸스드림님이 출판사에 제안을 했고 승낙을 받았답니다. '아!!! 리더는 이런 일을 하는 자리구나' 하는 생각이 들었습니다.

자신은 이미 세 권의 책을 썼는데, 멤버들의 성장을 돕기 위해 고민하는 시간을 갖고 판을 벌여주는 리더. 그 기획서를 쓰기 위해 얼마나 고민을 많이 했을지 마음이 찡해져 왔습니다.

'1년 살기'의 처음은 리더 한 명의 섬김으로 시작되었습니다. 그 섬김을 바탕으로 사람들이 성장합니다. 그리고 그 성장한 사람들이 또 다른 멤버들을 섬깁니다. 이러니 자발적으로 생명력 있게 커나갈 수밖에 없습니다. 그 과정에서 나도 도움을 받고, 이젠 사람들을 세우는 리더가 되고 싶어졌습니다. 나의 성장과정이 타인에게 영향을 줄 수 있다는 사실이 기분 좋습니다. 실패와 성공 둘다 영향을 미칩니다. 이제는 나의 성장이 개인의 성장 뿐 아니라 1년 살기의 성장이 되고 있습니다.

생각하는 것들을 기획하고 만드는 과정이 재미있습니다. 삶의 운전대를 잡고, 원하는 방향을 설정한 후 천천히 엑셀을 밟으면 됩니다. 못 이루는 게 아니라 성공하는 데 시간이 조금 더

걸릴 뿐입니다. 당연히 초보 운전자이니 여기저기 부딪치기도 할 겁니다. 아프다고 슬퍼서 혼자 울었을 텐데, 이제 작은 아픔에는 툭툭 털고 일어납니다.

경험도 제가 하고, 아픔도 제가 감당하겠습니다.

실패는 도전하고 있다는 증거이고, 앞으로 더 잘하게 돕는 열쇠가 됩니다.

자기계발 강의를 준비한다고 10년 전 버킷리스트를 보게 되었습니다. 정말 놀랍도록 지금과 비슷했습니다. 작가, 강연가가 쓰여 있었습니다. 엄마로 지내면서 그 꿈들을 잊고 있었습니다. 30세의 내가 10년 뒤에도 이루지 못한 꿈입니다. 이룰 때까지 반복 배송되는 버킷리스트입니다. 지금 하지 않으면 또 10년 뒤에 만나게 되겠지요.

지금이 앞으로 남아 있는 날들 중에서 가장 젊은 나이입니다. 그러면 어떠한 경험도 늦다는 생각이 들지 않습니다.

'조금 귀찮으면 하지 말자'로 가던 생각의 흐름들이, '조금 귀찮아도 일단 해보고 그 이후에 생각하자'로 전환되었습니다. 귀찮았던 일도 결과가 좋거나, 내가 가치 있는 일을 했다는 생각이 들면 결과는 만족스럽습니다. 시켜서 하는 일이 아니고 내가 손들고 진행해보는 일이 참 즐겁습니다. 내 삶의 주인이 된 느낌입니다.

내 속엔 내가 모르는 나의 모습이 많았습니다. 혼자서는 볼 수 없었던 모습이 새로운 사람과의 만남에서 발견되었습니다. 기회가 왔을 때 Yes로 대답한 덕분에 새로운 모습으로 성장할 수 있었습니다. 내가 원하는 모습으로 한 번에 도달하지는 못하지만 그 과정에서 만난 새로운 일로 인해 또 다른 문이 열립니다.

내 삶에 온 기회들을 향해 Yes!를 외쳐주세요.

PART 4

일단 시작해!
그리고 함께해!

● 하람 (유영하)

'사무직공장'(White-collar Factory) 이라 불리는

80cm 상담 부스 안에서

하루에 70명의 민원인과 상담을 하면서

늘 밝은 목소리로 소통하고 싶은,

고용노동부 고객상담센터 상담사

하람(하나의 올바른 성장을 꿈꾸는 사람)

유영하입니다!

남들이 '닭장'이라 부르는 그곳에서

늘 감정의 선을 넘는 사람들 때문에

감정의 롤러코스터를 타듯 힘겨워했지만

1년지기 그녀들과 함께하는 순간부터

스스로 '욕받이'가 아닌 '소통받이'로

거듭나고 있는 향기 나는 사람입니다.

브런치 brunch.co.kr/@youngha2525

인스타그램 @youngha._.25

일단 시작해!

빛나는 무아! 도전하는 무아! 나에게 잔소리하는 당찬 무아! 늘 모든 일을 똑소리나게 하고 행동도 빠른 '동서'는 자주 제게 공부하라고 얘길 했습니다. 그럴 때마다 이 핑계 저 핑계 대며 피하기만 했었죠.

어느 날, 동서가 왜 계속 공부하라고 하는지, 책을 읽으라고 하는지가 궁금해지기 시작했습니다. 한번은 《미라클 라이팅》이라는 책을 선물해주길래 펼쳐보니, 의지박약에 무의미하게 하루하루를 살던 저자가 자신의 삶에 관해 '쓰고' '행동' 하면서 달라진 이야기가 담겨 있었습니다.

"흔들림 없는 꾸준한 맘이 지속될 때 은은하게 젖어드는 것이 자기사랑이다" 라는 책속의 문구를 보고 지금껏 살아온 제 삶에 '자기애'가 빠져 있다는 느낌! 이 들었습니다.

'내 삶은 지금 뭘까?' 하던 찰나에 동서가 그 작가의 강연회에 함께 가보자고 제안을 했답니다. 아마도 그 책을 읽지 않았다면 또 미꾸라지처럼 핑계를 대며 안 갈 궁리만 했을 것입니다. 작가 강연을 다녀온 후에 동서는 '1년 살기'라는 모임이 있으니 함께 가보지 않겠냐는 제안을 또 하는 것이었습니다. 그런 동서를 따라 2019년 3월, 저는 '1년 살기' 모임에 참여하게 되었죠.

사실 저는 이런 소모임에 참여하는 것에 대한 두려움을 가지고 있었습니다. 20대 중반, 당시 하이텔이라는 PC통신망에서 각종 동호회가 활성화되어 있었어요. 저도 한 동호회에 가입하여 열심히 활동을 했답니다. 정기적인 오프라인 모임이 있었지만, 잘 참석하지 않다가 딱 한 번 용기 내어 참석했습니다.

낯모르는 사람들과 PC상에서 이야기를 주고받을 때와 실제 만났을 때의 이질감은 아주 컸습니다. 그들만의 세상에서 저 혼자 덩그러니 있는 듯한 소외감에 참 서글프단 느낌이 오롯이 남아 있었죠. 그렇기에 동서가 '1년 살기' 모임에 함께 가자고 했을 때 살짝 두려운 마음이 들었습니다. 새로운 것에 대한 두려움, 낯선 것에 대한 두려움 같은 것들이 나이 들면서 점점 더 심해진다는 생각마저 들었죠. 그러나 용기를 잃기 싫었고, 새로움에 도전하려 할 때마다 찾아오는 겁쟁이 쫄보 마음이 싫었습니다.

동서의 제안을 받아들이고, 동서가 알려준 블로그에 가서 비밀 댓글로 참여 신청을 했습니다. 그게 저의 '일단 시작해! 그리고 함께해!' 시리즈 첫 시작입니다.

며칠 후 한 통의 문자가 수신되었죠. 모임장소는 강남에 있는 한 건물! 모임날짜는 2019년 3월 2일 첫째 주 토요일! 그리고 자신의 비전보드 만들어오기 숙제와 간단한 자기소개!

저는 한 번도 누군가의 앞에 서서 저를 소개해본 적이 없었습니다. 더 정확히 말하면 소개할 일이 없었죠. 누군가를 만나는 낯섦을 살살 피해만 다녔기에…. 비전보드를 만들기 위해, 오랫동안 손 놓고 있었던 포토샵 프로그램을 열었습니다.

첫아이 돌잔치 때 테이블 안내문, 초대장, 폼 보드를 손수 만들어주느라 신랑에게 배웠던 포토샵 프로그램으로 비전보드를 만들게 될 거라곤 꿈에도 생각하지 못했습니다. 덕분에 아이 돌잔치 때 만들었던 나름의 작품들도 꺼내보았고, 소중한 추억을 되새기며 시간여행을 했습니다.

사용하지 않아 녹슬었던 기술을 써먹는 느낌은 새로운 경험이 주는 소소한 선물이랄까? 고민 고민 하면서 나의 꿈에 관하여 비전 보드를 채워나갔습니다. 꿈이 없던 제가 비전보드 작업을 하면서 꿈이 뭔지 생각해보는 시간을 가졌고, 세상에 필요 없는 경험은 없다는 것을 깨달았습니다.

자기소개와 비전보드 발표를 할 때 저를 바라보던 사람들의 눈빛을 지금도 잊을 수가 없습니다. 쿵쾅쿵쾅! 방망이질을 해대던 제 마음을 고요히 잠재울 수 있도록 따뜻한 눈빛을 보내주었죠. 또 두려운 제 마음을 읽기라도 하듯 '괜찮아요! 두려워 마세요! 누구나 첫 시작은 다 그러니까요!' 라고 속삭여주는 것만 같았습니다. 그녀들이 보내준 따뜻한 눈빛은 20대 때의 모임 후유증을 말끔히 씻어주었고, 저의 새롭고 낯선 도전을 응원해주는 느낌이 들었습니다.

언제나 새로운 시작은 두렵기 마련입니다. 더욱이 큰맘 먹고 시작했을 때 사람들의 반응이 싸늘하게 느껴진다면 관계 속에서 두려움은 커지고 먼저 다가갈 용기가 사그라들지도 모릅니다. '1년 살기' 그곳에서 자기소개와 비전보드 발표를 하면서 사람들과의 관계에 대하여 새롭게 생각하게 되었습니다. 이런 따뜻함을 느껴보라고 동서는 이야기하고 싶었던 걸까요? 늘 타인의 시작을 돕고 싶어 하는 동서 무아 덕분에, 함께 손잡고 같은 방향을 바라보면서 한 걸음 한 걸음 행복한 발길을 옮겨봅니다.

누군가 저처럼 시작이 두려워 망설여진다면 친구와 함께 걸어도 되고, 언니와 혹은 동생과 함께하기를 권해봅니다. 그렇게라도 첫 걸음을 떼면 앞으로 나아갈 수 있으니까 말이죠.

살면서 누구나 선택을 하게 됩니다. 올바른 선택이라고 생각하고 결정했을지라도 후회가 찾아오지만, 후회할 자격은 시도해본 사람만이 누리는 특권입니다. 일단 시작하지 않으면 아무 일도 일어나지 않습니다. 동서의 권유를 또 미꾸라지처럼 피하기만 했다면, 예전의 모임 후유증을 치유 받을 기회는 오지 않았을 거라 생각해봅니다.

삶을 새로이 디자인하기 위해서는 하루하루 선택해야 하고 그것을 결정할 권리는 늘 내 안에 존재합니다. 일단 시작하면 일상에 변화의 바람이 불어옵니다. 그 바람결에 몸을 싣고 가면 그뿐입니다. 일단 뭐든 시작해보세요! 시작하지 않으면 두려움의 감옥에서 헤어나올 수 없습니다.

인생 배움터

'1년 살기'에 설렘을 안고 두 번째 참석하던 날! 나르샤님의 인생 이야기와 제 동서 무아의 인생 이야기가 펼쳐졌습니다. 나르샤님은 수학강사의 삶과 더불어 결혼 초기부터 아이들 육아에 이르기까지 정말 드라마 같은 인생 이야기를 쏟아내 주었습니다. 결혼과 동시에 머나먼 타향살이를 시작하면서 느꼈던 향수병, 아이를 낳아 키우면서 큰딸아이와 있었던 가슴 아픈 사연을 이야기해 주었죠. 울먹이며 이야기하는 그녀의 모습에 가슴이 찡했고, 그녀와 함께 눈물을 훔쳤습니다. 딸아이가 성장통을 겪으며 엄마와의 단절을 선언했을 때 참으로 답답했던 마음 속, 해결방법을 찾기 위해 많은 노력을 기울였던 이야기를 해줬습니다. 더불어 지혜롭게 아이의 맘을 어루

만지며 먼저 다가가 소통을 잘 이뤄냈다는 것도 말해주었습니다. 그로 인해 엄마도 아이와 함께 성장해감을 깨닫게 되었다고 하셨죠.

또한 임신했을 때부터 지금까지 아이들의 성장과정을 《맘스다이어리》에 쭉 기록해오고 있다고 했을 때 정말 대단하구나! 싶었습니다. 그런 기록들을 통해 부모로서 아이와 함께 성장을 해가면서 긍정적으로 가치가 변화될 수 있다는 메시지를 전달해주었답니다. 맹학교에서 수업을 하면서 장애를 가진 아이들이 더 자주적으로 활동하는 것에 대해 놀랐고, 아이들을 곁에서 지켜보면서 장애를 바라보는 관점을 새롭게 디자인해야겠다는 생각도 피력했습니다. 맹학교 아이들과 함께하면서 본인의 삶도 조금씩 긍정적으로 변하고 있다고 했습니다.

그녀의 이야기가 주는 메시지는, 어쩌면 우리네 삶이 어설퍼도 아이와의 소통과 세상과의 소통을 포기하지 않고 노력해야 한다는 건 아닐런지 생각해 보았습니다.

나르샤님의 이야기를 들으며 저의 신혼 때가 생각났습니다.

저 역시 결혼과 동시에 타향살이를 하면서 친구들 가족들과 떨어져 지내며 많이 외로웠습니다. 홀로 육아를 담당하면서 엄마가 되어갔고, 어머니가 저를 키우며 느꼈을 수많은 육아의 어려움들과 마주하면서 울기도 많이 했었죠.

엄마가 되고 나서야 비로소 저를 낳아준 어머니께 미안한 감정과 감사함을 오롯이 느낄 수 있었습니다. 어릴 적, 어른들이 여자로서의 삶을 이야기할 때 결혼해서 아이를 낳아야 진정한 어른이 된다고들 하셨는데, 큰아이를 낳고서 저는 비로소 어머니가 산고 끝에 새 생명을 탄생시켰던 경이로움과 마주할 수 있었습니다. 밤중 수유를 하면서는 잠 못 이뤄가며 자식들을 키워냈을 어머니의 삶 속으로 들어가볼 수 있었습니다.

결혼과 출산 후 육아를 위해 전업주부로 살게 되면서 그렇게 스스로의 존재를 느낄 수조차 없었고, 꿈도 없이 하루하루를 살아내기만 했던 저의 삶이 영화 필름처럼 기억을 떠올리게 했습니다. 엄마가 되면 자연스레 모성을 강요받고 아이를 키우기 위해 전업주부로 전락하는 것이 보편화된 틀처럼 여겨지던 그때! 아이를 키우며 참도 힘들어했었고, 남편과의 공동육아는 허울 좋은 말뿐이었습니다.

지금은 그때와 좀 다르게 직장생활을 하면서 출산휴가와 육아휴직을 보장받을 수 있는 시대가 되었다고 하지만 아직까지도 엄마가 아이의 독박 육아를 담당하는 게 보통의 삶인 듯 느껴집니다. 육아를 홀로 담당하던 그때 제 삶은 없었습니다. 그저 아이와 한몸인 것처럼 하루를 살아냈으니 꿈꿀 시간조차 없었다고 말하고 싶었습니다. 하지만 그건 그저 핑계였음을 깨닫게 되었죠.

'1년 살기' 모임에는 워킹맘도 있고 육아맘도 있습니다. 워킹맘이든 육아맘이든 그녀들은 꿈을 꾸고 꿈을 향해 1년의 목표를 계획합니다. 그 목표를 세분화해서 한 달의 실천 계획을 그리며 살아갑니다. 꿈을 꾸고 성장하며 한 발 두 발 걸어가고 있는 그녀들의 삶이 보였습니다.

뒤이어 동서가 자신의 인생 이야기를 펼쳐 보였습니다. 동서의 발표가 있던 그 순간! 저는 동서가 지금껏 어떻게 살아왔고, 어떤 신념을 가지고 있는지, 어떤 생각을 하는지를 비로소 알 수 있었습니다. 그리고 조금은 동서와 더 가까워진 느낌을 받았습니다.

자신의 삶 돌아보기를 통해 과거의 자신과 마주했던 스스로가, 부정적인 감정에 휘둘려 부정적인 신념을 가지고 있었던 것을 고백했습니다. 변화의 과정 속에 있는 자신을 담대히 돌아보며 꿈과 비전을 크게 가지고, 지금의 현실에만 안주하지 않기로 했다고 말했습니다. 또한 부정적 정서들을 긍정의 정서로 계속 변화시켜 보겠다고 했습니다. 그러고는 본인의 신념을 바탕으로 계획한 크고 작은 목표들을 실천해볼 것이라며 당당하게 마무리 지었습니다.

그야말로 인생의 파노라마 속에 앞으로 이어질 이야기를 예고편으로 펼쳐놓은 느낌이었습니다. 당당히 이야기하는 동서를 보면서 그간 열심히 뭔가를 배우고 새로운 것들에 도전했던 동서의 원동력이 무엇일까? 궁금해지기 시작했습니다. 더불어 제 삶도 어떻게 디자인을 해야 할지 고민하게 되었습니다.

그녀들의 인생 이야기를 들으며 제 삶과 맞닿아 있는 부분들을 찾아내어 누구나가 그렇게 보통의 삶을 살아가는 것임을 느꼈습니다. 그리고 누군가의 삶속에 저의 삶을 녹여낼 수 있다는 것에 대하여 사유해 보았습니다.

'1년 살기' 두 번째 모임 안에서, 꿈도 희망도 없이 그저 하루하루를 재방송 보듯 살던 제 삶에 실낱같은 희망을 안고 돌아온 느낌이었습니다.

살면서 남의 드라마같은 인생 이야기를 듣게 되는 일이 얼마나 있을까요?

모임을 마치고 집으로 돌아오는 버스 안, 참 많은 상념들로 가득 찼습니다. '1년 살기' 속으로 스며들어가는 제가 살면서 놓치고 있었던 부분들이 무엇이었는지? 마음 속 깊은 곳을 들여다보고 또 들여다보았습니다. 스스로에 대하여 돌아볼 기회도 생기니 먼 길을 마다치 않고 참석하길 잘했다는 생각이 들었습니다.

톨스토이는 "가장 중요한 사람은 지금 내 앞에 있는 사람이고, 가장 중요한 일은 지금 내가 하고 있는 일이며, 가장 소중한 시간은 바로 지금 이 순간이다" 라고 했습니다.

지금 어떤 사람과 동행하고 계신가요? 함께 걸어가는 그 사람이 인생의 가치를 더하는 사람인지 빼는 사람인지를 돌아봐야 할 때입니다.

나르샤님의 인생 이야기 속에서 엄마로서의 삶을 생각해보게 되었고, 무아의 인생 이야기 속에서 왜 새롭게 도전하고 시작해야 하는지를 보았습니다.

다른 사람들의 이야기를 들으며 제 안의 뭔가를 찾아내고 생각해볼 시간을 갖게 된 것이 마치 커다란 선물꾸러미를 받은 것처럼 기뻤습니다. 그렇게 1년지기들의 이야기를 통해 자아에 관한 관점을 새롭게 디자인해야겠다는 생각을 하면서 성장의 밑거름을 마련했습니다. 저의 새로운 인생 2막을 준비하기 위해 멋진 계획도 세워봤습니다. 네모난 프레임 안에 스스로를 가두고 "난 할 수 없을 거야!" 말하던 스스로의 모습부터 지워 냅니다. 당당한 제 인생의 설계자로서 다시 하루하루 성장하는 사람이 되어보기로 했습니다.

그렇게 두 번째 모임 안에서 '1년 살기'가 제게 인생 배움터가 되는 놀라운 경험을 합니다. 그녀들의 이야기 속에서 제 인생 의 새로운 계획들을 영양즙을 짜내듯 엑기스만 짜내 봅니다. 이것이 '일단 시작해! 그리고 함께해!' 두 번째 시리즈입니다.

동서 따라 참여한, 비전 공유 모임 '1년 살기'

♣ 첫 참석날!

첫 경험　▶ 자기소개
　　　　　▶ 비전보드 발표

⬇

모임 후유증은 이젠 안녕~ ! ! !

♣ 두 번째 참석날!

무아의 인생 이야기를 듣다.
나르샤의 인생 이야기를 듣다.

　내 마음을 들여다본 시간

이 곳은 인생 배움터!

또 다른 미션이 주어지다!!!
특명《미라클 라이팅》강현순 작가를 섭외하라!

　'희망 충전소'에서 성공경험을 맛보다!

그녀가
올까요?

　'1년 살기' 모임이 끝난 후 대부분 뿔뿔이 헤어지고 몇몇은 점심식사를 함께하기도 합니다. 식사자리에서 이런저런 담소를 나누고, 그날의 모임 안에서 있었던 일들과 각자의 이야기를 나누는 것이지요. 4월 모임이 끝나고 우연찮게 퀸스드림님 앞에 앉게 되었어요.

1년 살기 모임에 참가하게 된 계기에 대해 이야기를 나누다, 동서가 선물해준 강현순 작가의 《미라클 라이팅》을 읽고 강연회를 다녀온 후 꿈을 향해 나가고 싶어서 참가하게 되었다고 말했습니다. 그러자 그녀는 6월 모임의 강연자로 강현순 작가를 섭외해보면 좋을 것 같다고, 작가 섭외가 쉽지는 않겠지만 한번 도전해볼 것을 제안했습니다.

그저 동서가 인도한 작가의 강연에 다녀왔을 뿐인데 왜 하필 저에게 그 작가분을 섭외하라는 것인지? 하다못해 식당에서 반찬이 떨어지면 종업원도 부르지 못하는 나인데, 작가를 섭외하라니? 그야말로 '대략난감'이었습니다. 먹던 밥알이 입 안에서 구르다 튀어나올 것 같은 마음에, 동서에게 도와줘~ please~ 눈빛을 보냈지만 소용이 없었습니다.

하는 수 없이 자신 없는 목소리로 시도는 해보겠지만 너무 기대를 하진 마시라 말했습니다.

그리고 집에 돌아와서는 '어떻게 섭외를 해야 할까? 일면식도 없는 사람에게 작가가 응해주진 않을 텐데' 생각하며 한참을 고민했습니다. 나에게 주어진 또 다른 미션을 부여잡고 어떻게 하면 작가의 마음을 얻을 수 있을지, 어떻게 오케이 승낙을 받을 수 있을지, 고심 끝에 일단 들이대보기로 결정했습니다.

김미경 작가의 《엄마의 자존감 공부》에 나오는 "지금 무능과 싸우고 있다면 걱정하지 말고 기죽지 말고 조금만 버텨보자. 무능과 싸우고 있다는 건 지금 유능해지고 있다는 뜻이다" 라는 말처럼, 기존의 무능했던 날들을 잊고 새로이 유능해지려고 거침없이 들이대보기로 했습니다. 무대뽀 정신을 장착하고, 작가 섭외작전 특명을 완수하기로 했습니다.

우선 작가가 운영하는 블로그를 매일 방문해서 모든 글에 저를 각인시킬 수 있도록 댓글을 달았습니다. 최대한 예의를 갖추어 정겹게 인사말도 남겨두며 그렇게 매일매일 올라오는 작가의 글에 댓글 달기로 '하람'이란 닉네임을 각인시키기에 성공!

그 다음으로는 작가의 책을 읽은 후 느끼고 실천했던 내용을 제 블로그에 올렸습니다. 리뷰를 쓸 때 최대한 진심을 담고 책 속에서 무엇이 좋았는지, 어떤 점이 나의 삶에 변화를 가져왔는지 기록했습니다. 《미라클 라이팅》을 매일매일 실천하고 있었으며, 책이 주는 위로에 대해서도 썼습니다. 그후, 강현순 작가님이 책 리뷰 글에 댓글도 달아주시고 감사하다며 작가님의 블로그에 제 리뷰 글을 공유해 주었습니다.

드디어 때가 왔다 싶어, 작가님이 올려놓은 글에 비밀 댓글을 조심스레 달아놓았습니다.

"제가 '1년 살기'라는 모임에 참석하고 있는데 모임에서 3개월에 한 번씩 작가 강연을 하고 있습니다. 소모임이라 작가님께서 시간 내어 강연해주시기 어렵겠지만, 혹여 시간 되시면 초대에 응해주실 수 있을까요? 1년지기들은 1년간의 목표를 가지고 한 달을 계획하며 성장하고 있답니다. 작가님의 강연이 멤버들에게 꼭 도움이 될 것 같아서 비밀댓글을 남겨둡니다.

싱그러운 6월에 만남을 고대하면서."

이제 주사위는 던져졌고, 작가님의 답을 기다리기만 하면 되었습니다. 그랬더니 아니나 다를까,
드. 디. 어! 작가님의 답글이 달렸습니다.
"어머나~ 하람님! 저야 이런 좋은 기회 주시면 영광이죠! 6월 모임일정은 언제이신가요? 일정 알려주시면 스케줄 보고 날짜 조율해보겠습니다."
꺄~~~ 어쩜 좋아! 그렇게 두근대는 맘으로 퀸스드림님과 통화를 하고, 6월 첫째 주 토요일 10시경으로 작가 섭외작전 특명은 성공했습니다.
이것이 '일단 시작해! 그리고 함께해!' 세 번째 시리즈입니다.

퀸스드림님은 제게 도전의 용기를 주고 싶어서 동서가 아닌 저에게 작가 섭외 미션을 부탁한 것이라고 했습니다. 그리고 작가를 섭외한 그 성공 경험을 잊지 말고 어떤 일을 할 때에 도전하는 삶을 살라고 조언해주었습니다.
섭외작전 성공을 퀸스드림님은 정말 진심으로 기뻐해주었습니다. 통화를 하며, 지금껏 보잘 것 없었던 삶이 옅게라도 새로

운 희망으로 색칠되는 느낌이 들었습니다. 용기를 부여해준 퀸스드림님도 저의 진심을 알아주신 강현순 작가님도 참으로 고마운 인연입니다. 아름다운 인연들로 인해 저의 인생 스펙도 쌓여가는 느낌이었죠. 하나의 작은 성공 경험은 용기를 심어주고 하루하루 올바른 성장으로 저를 이끌어줍니다.

칭찬도 나누고 삶의 응원도 나누면서 기쁨이 두 배가 되는, 나눔의 법칙이 배수의 공식으로 완성되는 곳! '1년 살기' 이곳은 제게 희망충전소입니다. 저의 작가 섭외작전 성공 이후 1년지기들의 섭외력도 날로 늘어나 강연을 해줄 작가님들이 줄을 서고 있다는 반가운 소식도 들려옵니다. 정말 꿈같은 일이 아닐 수 없습니다.

내 인생의
3GO!

누구나 1년 살기 멤버가 되면 앞에 서서 발표를 하게 됩니다. 남들 앞에 서서 발표라니 거룩한 부담감이 밀려옵니다. 안 하겠다 발을 뺄 수도 없는 상황이었고, 새로이 주어진 발표 미션을 수행하고자 고민하기를 여러 날~.

발표 제목은 '인생의 판에서 성장을 이루기 위한 3GO'로 정했습니다.

생각을 정리하고 인생 틀에 맞게

첫 번째 GO는 나를 인정하GO!

두 번째 GO는 나에 대해 표현하GO!

세 번째 GO는 나의 꿈을 위해 전진하GO!

라 정해 보았습니다.

큰 꿈 없이 해가 뜨면 하루를 시작하고 해가 지면 하루를 마무리하는 하루살이처럼 살았는데, 발표를 준비하며 저절로 삶을 되돌아보게 되었습니다. 저에게 질문을 던지고 그 질문에 답을 하나씩 해가면서 그렇게 저의 내면을 들여다보았습니다.

그런 질문들의 첫 단계가 '나를 인정하GO'였습니다.
제 삶은 늘 타인에게 양보하는 삶 = 눈치보는 삶이었습니다.
1남 4녀 중 셋째! 위로 언니가 둘, 아래로 남동생, 여동생이 있습니다. 아버님은 어렸을 때 자살로 생을 마감하셨고, 어머님 혼자서 5남매를 키워오셨기에 그런 현실 속에서 내가 원하는 것을 주장하기란 참 어려웠죠. 남동생에게 모든 것을 양보해야 했고, 위로 언니들에게 양보해야 했습니다. 양보만이 미움 받지 않는 길이라는 생각을 키우며 착한아이 콤플렉스에 갇혀 있었던 것 같아요. 그래야 셋째라는 제 위치에서 조금이나마 사랑받을 수 있다고 착각하며 살아왔습니다.
어린 시절 그 착한 아이 콤플렉스로 인해 어른이 된 후에도 타인과의 관계 형성에서 '내가 이렇게 행동하면 저 사람은 나를 어찌 생각할까?' '이렇게 얘기하면 저 사람이 나를 미워하지 않을까?' '그냥 내가 꾹 참고 말지' 라며 제 목소리도 제대로 낼 줄 모르는 사람이 되어 있었습니다.

조용히 현실과 마주한 시간, 저는 속마음 표현이 서툰 자아를 발견했습니다. 어린 시절의 저에게 돌아가 말해주고 싶었습니다. 어리광을 부려도 되고, 욕심을 부려도 되고, 그리 한다고 해서 저를 미워하는 사람은 없다는 것을 일깨워주었죠. 어린 시절로 돌아가 저를 감싸 안아주었습니다. 그렇게 스스로를 치유함으로써 다시 바로 설 수 있는 힘을 얻었습니다.

그리하여 두 번째 '나에 대해 표현하GO'를 외쳐 보았습니다. '스스로에 대한 표현의 첫 걸음이 무얼까?' 가만히 생각해보니 좋은 것은 좋다! 싫은 것은 싫다! 솔직히 말하는 것부터 시작하면 될 것 같습니다. 내 감정이 상대에게 불편을 주지는 않을까? 하는 맘으로 살다 보니 내 마음은 온데간데없고 타인의 감정들로만 가득 차 있었습니다. 좋은 것도 밍밍하게 표현하고 싫은 것은 더더욱 말을 못하며 맘속에 꾹꾹 눌러 담기만 했었죠. 이제는 타인의 눈치 볼 것 없이, 남에게 양보할 것 없이, 내가 하고 싶은 일이 있을 땐 당당히 이야기합니다. 다만 일방적인 표현은 '조율'이라는 좋은 방법을 통해 해결하려 합니다. 하나 하나 나를 위해 해야 할 일은 하고 싶다고 이야기해봅니다.

스스로를 제대로 표현한 후부터 달라지겠죠? 표정이 밝아지고 어깨에 갑옷을 걸친 것처럼 굳건해질 것입니다. 행복을 향한 발걸음을 옮길 때마다 앞으로 당당히 나아갈 수 있을 것이라 믿어봅니다.

변화된 후 세 번째 '나의 꿈을 위해 전진하GO'를 당당하게 외쳐보았습니다. 꿈을 향해 전진하기 위해 맘속 멘토를 정해보기로 했습니다.

박재연 '리플러스 연구소' 대표, 그리고 박상미 '더 공감마음학교' 대표님이 제 꿈의 멘토들입니다. 두 분 모두 성장기에 저처럼 아픔을 딛고 지금은 각자 자리에서 빛나고 있는 분들입니다. 요즘에는 유튜브 채널에 올라오는 강연들이 많아서 손쉽게 두 분의 강연을 찾아볼 수 있습니다. 매일 두 분이 강연했던 영상을 보고 또 보면서 '아! 나도 저분들처럼 타인에게 선한 영향력을 주는 강연자가 되고 싶다'는 생각을 하게 되었죠. 두 분이 저에게 답을 줄 순 없겠지만 제 꿈을 실현하기 위해 꿈을 향한 실천계획을 세워봅니다.

'강의하는 하람'으로 성장하기 위해 장기적으로 5년의 계획! 그걸 다시 1년으로 쪼개고, 그 1년을 한 달의 계획으로 나누어 꿈

목록들을 실천합니다. 매일매일 두 분의 강연을 찾아보고 강연 내용을 정리합니다. 정리한 내용을 다시 제 생각으로 바꿔보면서 강연할 때의 몸짓, 눈빛, 말의 속도 등을 체크해봅니다. 그리고 다른 강사들의 스피치 강의도 챙겨봅니다. 이렇게 한걸음씩 나가다 보면 훗날 강연하는 '하람'으로 성장할 수 있겠죠?

여기 1년 살기 모임은 1년을 1달씩 나누어 작은 목표 달성을 통해 1년을 의미 있고 알차게 사는 곳입니다. 숙제 검사할 사람도 없지만 다들 한 달을 되돌아보고 반성하면서 또 다른 한 달을 계획합니다. 그야말로 스스로의 계획을 토대로 자발적 실천이 이뤄지는 곳이죠. 그것이 이 모임의 힘인 것 같습니다. '1년 살기'에서 발표 미션을 클리어 하면서 지난날의 상처와 마주할 때도 있었지만, 그 속에서 배움을 얻으며 하루를 성장합니다. 이것이 '일단 시작해! 그리고 함께해!' 네 번째 시리즈입니다.

어쩌면 저의 시작이 남들보다 늦었을지도 모르지만 조급해하지 않습니다. 거북이 걸음으로 걸어간대도 언젠가 산 정상 언저리에 닿아 웃을 수 있는 날이 올 거란 걸 알고 있습니다. 그렇게 한 계단 올라서면 또 한 계단 성장의 발판을 나선형으로 그려가면서 성장 그래프를 그려봅니다.

오늘도 내일의 성공을 만들기 위한 노력을 게을리하지 않습니다. 그날 해야 할 일들은 습관 쌓기를 통해 단련시켜 봅니다. 삶의 경험 하나하나가 온전한 나로서의 성장의 틀을 만들어주고 '아주 작은 습관의 힘'을 통해 작은 것들이 이뤄내는 큰 성공의 힘을 기대해봅니다.

어쩌면 어릴 적 편모슬하에서 자라온 환경은 일찍 철이 들게 했던 행운이었는지 모릅니다. 꿈을 이루기 위해 뒤늦게 시작한 지금의 공부가 미래의 나를 바로 설 수 있게 하는 힘인지도 알 수는 없습니다. 과거는 이미 지나가버렸고, 미래는 하루하루 다가올 테니 그저 오늘을 계획한 대로 살아봅니다.

일상을 인생의 완성품으로 만들어가는 건 하루하루 계획한 대로 살아가는 힘에서 비롯된 꾸준함의 연속이라는 것을 깨닫게 됩니다. 어쩌면 저 혼자만의 생각으론 저의 3GO를 당당히 외칠 수 없었을 거란 생각을 합니다. '1년 살기'라는 이상한 모임 안에서 제 속에 있는 자아를 발견하고, 스스로를 인정하는 법을 배우면서 당당하게 표현하며 사는 것이 삶의 지름길이 된다는 것을 깨닫습니다.

'1년 살기' 그 속에서 주어지는 거룩한 부담감
발·표·미·션!

내 인생의 3GO

♣ 첫 번째 GO : 나를 인정하GO!

눈치보는 삶 = 양보하는 삶을 지우개로 지우다.
갇혀 있던 착한 아이 콤플렉스를 알아차리다.
스스로 치유함으로써 나를 바로 세우다.

♣ 두 번째 GO : 나에 대해 표현하GO!

솔직한 표현을 시작하다.
당당한 사람으로 바로서다.
행복을 향하여 발걸음을 내딛다.

♣ 세 번째 GO : 나의 꿈을 위해 전진하GO!

멘토를 정해보다.
선한 영향력을 전하는 강연자의 꿈을 꾸다.
꿈꾸는 대로 계획을 세우다.

**'함께'의 힘으로 새로운 경험을 선물 받고
희망을 충전합니다.**

남들은 모르는 이 이상한 모임에서 벌어지는 일들이 재미있고, 또 누군가의 꿈을 엿들으며 그 속에서 배울 점을 보석같이 캐내러 한 달에 한 번 저는 '1년 살기'에 갑니다.

1년지기들은 다 각자의 꿈을 꾸며 각자의 방식대로 살아갑니다. 직업도 다르고 생김새도 다르고 생각도 다 다른 그녀들에게 한 가지 공통점이 있다면 누군가의 꿈을 응원해주는 사람향기 나는 사람들이란 점입니다. 함께의 가치가 있는 곳! 사람향기로 채워진 이곳을 저는 HLD라고 이야기하고 싶습니다.

H : Human 인간적인
L : Leader 리더들의
D : Dream 꿈이 있는 곳!

꿈을 찾고 싶으신가요? 그럼 언제든지 HLD 가득한 곳을 찾아가 보세요.

태풍 링링이
알려준 비밀

2019년 9월 모임이 있는 첫째 주 토요일!

한반도에 상륙한 태풍 링링으로 인하여 많은 피해가 발생했던 날이었습니다. 9시에 시작되는 모임에 나오려면 모두들 새벽 5~6시경에는 일어나 준비를 마치고 강남으로 향해야 합니다. 급작스런 '링링'이의 북상 소식에 리더인 퀸스드림님은 새벽부터 마음이 분주했을 것입니다.

1년지기들 또한 모임 장소로 가야 할지 말아야 할지 새벽부터 고심이 많았답니다. 그녀는 모임의 리더로서 각지에서 먼 길 마다치 않고 참석하는 1년지기들의 안전을 고려하여 모임을 취소할지 그냥 감행할지를 결정해야 했죠. 그녀는 새벽부터 모임 참여 여부를 고민했을 멤버들에게 전화나 문자로 종합적인

의견을 수렴했습니다.

모두의 안전을 위해 발 빠르게 '모임 취소'를 결정했고, 1년지기들에게 일일이 전화하여 아쉬움을 달래주었습니다. 1년지기들의 안전이 제일임을 전달해주었고, 한 분도 헛걸음하지 않게 되어 다행이라 했습니다.

그녀의 현명하고 빠른 결정력 덕분에 1년지기들은 혼란스러운 마음을 잠재울 수 있었다고 생각해봅니다. 의견을 수렴하고 취소 결정을 통보하고 이런저런 뒷일들을 처리했을 그녀의 모습이 그려졌습니다. 위기 대처능력은 어쩌면 리더로서 갖춰야 할 소양이 아닐까 생각합니다. 그 외에도 그녀는 리더로서 참 많은 소양을 갖춘 사람입니다. 가만히 지켜보면 그녀는 1년지기들의 장점을 하나하나 알아봐주는 혜안을 가지고 있습니다.

이 모임에 처음 참석했을 때 저는 제가 어떤 장점을 가지고 있는지 스스로 판단하지 못했습니다. 조용히 용기 없이 지내던 사람이었죠. 그런 저에게 그녀는 작가 섭외 미션을 부여하여 작은 성공 경험을 통해 용기를 얻을 수 있게 해주었고, 발표 미션을 부여하여 제 삶에 대해 생각을 정리할 수 있는 시간을 선사해 주었습니다.

사실 저는 진짜로 용기가 부족한 사람이었습니다. 현재 전화 상담사로 업무를 진행하고 있는데 팀장님께서 두 번의 팀장 제의를 해준 적이 있지만, 용기가 부족해 응하지 않았습니다. 만약 팀장 제의가 있기 전에 '1년 살기'를 만났더라면 지금 회사에서 팀장으로서 업무능력을 발휘하고 있을지도 모를 일입니다. 용기 부족은 이렇게 기회가 왔을 때 잡지 못하는 아쉬움을 만듭니다. 제가 작가 섭외 미션을 성공했을 때 그녀는 저에게 말해주었습니다. "하람님, 지금 그 작은 성공 경험을 잊지 마시고 앞으로는 늘 모든 일에 적극적으로 진행해 보세요! 작은 성공들이 모이고 모이면 언젠가 하람님께서 큰 성공 경험을 맛보게 될 날이 있을 거예요" 라며 용기를 심어주는 조언도 잊지 않았습니다. 그녀가 1년지기 하나하나를 자세히 관찰하지 않았다면 해줄 수 없는 조언이라고 생각해 봅니다.

또 그녀는 추진력이 정말 대단합니다. 무슨 일이든 누군가의 제안이 있으면 멤버들이 동참할 수 있도록 판을 깔아주고 각자의 장점을 토대로 스스로가 할 일을 찾도록 합니다. 그렇기 때문에 동기부여도 되고, 자신들의 장점을 최대한 살려 시키지도 않은 일들을 적극적으로 합니다.

지난 해 《다시, 시작합니다》 책을 출간하고 북콘서트 준비 작업을 할 때 관련 디자인 시안을 작업해주신 바이헬렌님, 참여자들의 간식을 준비해주신 복선생님, 사회를 맡아준 연꽃만난 바람처럼님, 열심히 블로그 등을 통해 북콘서트를 알리고 동영상 PPT 자료를 체크해주신 순간님, 둘째를 임신하여 막달이 다 되어 힘들었을 텐데 음향기기 작동을 꼼꼼히 체크해주신 하이영님, 북콘서트 무대 준비를 위해 애쓰셨던 하얀눈썹님 그리고 허리 질병으로 아팠지만 끝까지 최선을 다하는 모습을 보여준 라마님까지 정말 하나같이 자신이 할 수 있는 한 최선을 다하는 자세로 북콘서트를 성공적으로 이끌어냈습니다. 이 모든 것들이 퀸스드림이라는 리더의 주의 깊은 혜안이 없었다면 가능했을까요?

그녀는 늘 누군가의 장점을 먼저 알아봐주고 그 사람이 잘 해낼 수 있도록 격려해줍니다. 그런 그녀의 피드백을 받으면서 1년지기들은 각자의 삶 속에서 스스로에게 질문을 던지고 스스로 그 해답을 찾아갑니다. 누군가 가이드를 해줄 수는 있지만 인생은 내가 주인으로 살아가는 것입니다. 그녀는 각자의 능력을 뽑아내서 실행할 수 있도록 해주고 마음껏 능력을 발휘하게끔 판을 깔아줍니다. 그렇게 그 판 위에서 1년지기들은 함께 성장하고 함께 성공을 만들어냅니다. 그곳에선 기쁨도 행복도 배가 되는 경험을 하게 됩니다.

이것이 저의 '일단 시작해! 그리고 함께해!' 다섯 번째 시리즈가 됩니다.

성공의 경험으로 멤버들은 자신감을 얻고, 또 한 단계 성장을 이뤄내면서 각자의 자리에서 자신만의 속도로 자신만의 일을 찾아 진행할 것입니다. 정말 이상한 일이죠? 무엇이 '1년 살기' 멤버들을 이렇게 자발적 참여자로 만들어주는 걸까요?

일전에 제가 진행하던 독서모임이 피치 못하게 파하게 되었습니다. 제가 리더로서 소임을 다하지 못한 점도 있었지만 멤버들 사이에 생긴 균열을 메우지 못한 불찰이었습니다.

독서모임을 진행할 때 진행방식도 좀 더 공부했어야 하는데 너무 호기롭게 시작했던 점이 실패의 원인임을 받아들여야 했습니다. 책을 읽은 후 멤버들이 자신의 생각을 이야기할 때 잘 조율하지 못했던 점도 실패의 큰 원인이었다고 생각합니다. 두 멤버 간에 의견이 달랐고, 서로 자신의 주장을 하면서 상대의 생각을 바로 보지 않았던 점 또한 아쉬운 점으로 계속 남아 있습니다. 인원이 5~6명인데 두 명이 그리 의견 충돌을 보이니

다른 멤버들도 불편해했습니다. 그렇게 유야무야 진행해오던 독서모임이 파국을 맞았습니다.

1년을 다 채우지 못한 점도 아쉽고, 함께했는데 유종의 미를 거두지 못해서 씁쓸하고 맘이 아팠습니다. 이런 실패의 경험을 통해 '1년 살기' 모임의 리더에 대하여 그리고 1년지기들의 소양에 대하여 다시금 돌아보고 생각하는 계기를 가졌습니다.

어느 한 멤버가 도전을 시작하면 힘내라! 응원해주고 잘할 수 있도록 돕는 1년지기들의 따뜻한 마음이 훈훈한 '1년 살기'를 만들어가는 것 같습니다.

저의 독서모임은 서로 간에 소통과 공감이 부재했고, 매월 첫째 주 토요일 자발적 참여로 함께할 수 있는 '1년 살기'는 소통과 공감이 함께하는 곳이었습니다. 조화롭게 끌어주고 당겨주는 힘이 모여 4년 넘게 이 모임이 지속될 수 있었다고 생각해봅니다. 그리고 거기에 1년지기들의 각기 다른 장점들을 관찰하며 때에 따라 장점 발휘가 가능하도록 판을 깔아주는 리더의 배려심까지 더해져 지속 가능한 모임으로 성장 발전하고 있습니다.

올해는 '여행으로 준비하는 초등 입학'이라는 팟캐스트, 동화책 전집 만들기 프로젝트, 두 번째 책 출간 계획 등 정말 다채로운 굵직굵직한 현안들이 진행되고 있답니다.

소통과 공감이 함께하고, 누군가 어떤 일을 하고자 아이디어를 내면 도움의 손길을 내밀며 같이 걸어가주는 1년지기들이 있기에 저는 외롭지 않습니다. 저의 독서모임은 비록 졸작이 되어버렸지만 초라한 졸작일지라도 인생 조각 안에서 또 하나의 쓰라린 경험을 통해 배워갑니다. 잘못된 부분을 반성하며 부족한 부분을 분석도 해봅니다. 그렇게 인생 작품을 하나하나 완성해 간다면 언젠가는 졸작이 명작이 될지도 모를 일입니다.

'링링'이라는 큰 태풍으로 인해 알게 된 비밀은 리더로서 갖춰야 할 결단력, 추진력, 배려하는 마음, 그리고 서로 한마음으로 어우러질 때, 올바른 소통을 형성할 수 있다는 것이었습니다.

누군가 어떤 모임을 참여하고자 한다면 그 모임의 리더와 함께하는 사람들을 보라고 이야기해주고 싶습니다. 자발적 참여를 돕는 리더인가? 타인을 배려할 줄 아는 리더인가? 얼마나 공감능력이 뛰어난가? 말하는 것을 실천하는 리더인가? 꼭 확인을 했으면 합니다. 그리고 참여하는 멤버들의 결은 어떠한지, 함께 이끌어주는 마음인가? 아니면 독단적인가?를 꼬~옥 살펴보았으면 좋겠습니다. 그래야만 오래 지속될 수 있는 만남이 될 것입니다.

동서 따라 참가했던 '1년 살기'라는 모임은 제게 참으로 커다란 의미를 부여해줍니다. 해보지 못했던 경험을 선물해준 곳! 인생의 시계를 거꾸로 돌려 어린 시절의 나를 위로해주는 곳! 앞으로의 나를 기대하게 하는 곳! 이곳 '1년 살기' 속에서 함께의 가치를 느껴봅니다.

인생 습관
두 가지

1년 살기에서는 매달 한 권의 책을 선물 받습니다. 홀수 달에는 각자 읽은 책 중에 좋았던 인생 책들을 1년지기들과 나눔을 합니다. 그러니 독서습관이 쌓여갈 수밖에 없겠죠? 좋은 책이 있으면 홀수 달에 나눔을 통해 공유도 하니 참으로 좋은 일입니다.

2020년 1월 모임에서는 비전보드를 만들어 발표하는 시간을 가졌는데 모두의 비전보드 속에 독서와 운동이 필수로 들어 있었습니다.

늘 깨어 있는 사람은 책을 읽고 책 속의 깨달음을 가지고 살아갑니다. 저 역시 독서습관을 들이기 위해서 아침에 눈 뜨면 물한 잔을 마시고 화장실로 직행하게 되는데 꼭 책을 들고 갑니다. 화장실에 오래 앉아 있으면 아무래도 좋은 습관은 아니겠지만 이상하게도 화장실에 앉아 책을 읽으면 눈으로 잘 읽히고 머릿속으로 글들이 쏙쏙 들어옵니다. 내 공간으로 마련해둔 책상도 있긴 한데 책상에서 읽는 것보다 화장실에서 읽는 게 더 잘 읽히는 이유는 뭘까요?

책을 읽으며 좋은 구절이 나오면 귀접기를 한 번 합니다. 윗부분의 좋은 구절은 상단을 귀접기 하고, 아랫부분에 좋은 구절이 있으면 하단에 귀접기를 합니다. 그리고 그 페이지 전체가 삶에 적용하기 좋은 내용이면 반을 접습니다. 이렇게 한 번 읽고 재독을 할 때에는 귀접기나 반 접기를 해둔 부분만 다시 읽습니다. 다시 읽을 때 밑줄 긋기를 하고 형광펜으로 색칠해가며 읽습니다. 이 방법은 《완벽한 공부법》의 저자 신영준 박사님의 강의를 들었을 때 알게 된 팁입니다. 박사님의 말처럼 해보니 다시 한 번 잘 정리가 되었습니다.

그렇게 색칠하고 밑줄 그은 내용은 '에버노트'에 정리를 합니다. 여러 권의 책에서 저자들의 독서정리법으로 에버노트가 등장하더군요. 대체 이게 뭐길래 그럴까? 라고 생각했습니다. 일

전에 동서가 추천해준 적이 있었는데 활용해보지 않았다가 최근에 책을 사서 읽어보고 활용하고 있습니다. 신문물을 사용할 줄 아는 지혜도 터득하게 되니 참 좋습니다. 자꾸만 좋아지는 세상의 신문물들을 이용해볼 수 있도록 오래 살아야 할 것 같습니다. 요즘은 에버노트 활용법에 대해 유튜버들이 올려놓은 동영상 자료가 많으니 찾아서 활용해도 좋을 것 같습니다.

저는 읽은 책 속에서 딱 한 가지만 제 삶에 적용해보려 합니다. 이거저거 다 적용해보려다가 호되게 홍역을 치른 경험이 있기에 더는 그런 바보짓은 하지 않습니다. 딱 한 가지 포인트만 잡아서 삶 속에 습관으로 적용합니다.

책을 읽을 때에는 관련 책을 함께 읽는 방법이 참 좋았습니다. 가령 《포노 사피엔스》라는 최재붕 교수의 책을 읽을 때 《90년생이 온다》라는 임홍택 저자의 책을 읽으니 내용을 이해하기가 수월했습니다. 새로운 문명에 요즘 세대를 어떻게 이해해야하는지도 감을 잡은 느낌이랄까? 틈틈이 책읽기를 계획하고 그 속에 한 포인트를 삶에 적용하면서, 그 작은 습관으로 블록을 쌓아가듯 습관 쌓기를 합니다.

덕분에 삶이 조금씩 변화되는 것 같습니다. 타인에게 이야기해줄 때 생각을 한 번 정리하여 말할 수 있는 효과도 더불어 얻을 수 있게 됩니다. 그리고 가끔 위로가 되는 문장을 만날 때에는 어깨를 토닥여주는 것처럼 느껴집니다.

《위대한 상인의 비밀》이라는 오그 만디노 작가의 책에서 힘이 되는 글을 발견했습니다.

"우울함을 느낄 때는 흥겨운 노래를 부르고, 슬픔이 느껴지면 큰 소리로 웃으리라. 아픔을 느낄 때는 두 배로 일하고, 두려움이 느껴지면 과감하게 돌진하리라. 열등감을 느낄 때는 새 옷으로 갈아입고, 무능력함이 느껴지면 지난날의 성공을 기억하리라. 가난함을 느낄 때는 다가올 부를 생각하고, 삶이 무의미하게 느껴지면 내 목표를 되새기리라."

하던 일이 잘 안 되고 어긋날 때 저의 목표에 관하여 다시 한번 생각해봅니다. 책 속 글귀들이 가슴속으로 새겨지면서 향기로운 말을 품는 사람이 되어갑니다. 이런 저를 알아봐주시는 고마운 퀸스드림님이 얼마 전 카카오톡 메시지로 "저는 하람님의 따뜻한 마음이 들어간 글이 참 좋더라고요. 짧은 글이지만 그 안에 상대방을 생각하는 하람님의 마음이 담겨 있어서 읽는 사람의 마음도 따뜻집니다. 하람님은 그런 능력 있는 분이세요"라며 소소한 저의 능력을 칭찬도 해주었습니다.

어느 날에는 이해인님의 '기다리는 행복'이란 시를 한 편 카톡 방에 올린 적이 있습니다. 시를 읽으며 특별히 눈이 가는 글귀 한 가지씩을 뽑아서 자신의 느낌을 이야기했는데 어쩜 다들 각자의 방식으로 시 구절에 대한 표현을 하시는지 정말 신기했습니다. 책을 읽는 습관은 모두 같지만 그걸 표현해내는 방식은 다 다름을 깨닫게 해준 시간이었습니다. 책 속에서의 삶의 지혜와 다름의 철학을 깨달으며 또 조금 성장해 나갑니다.

독서습관과 더불어 지니고 싶은 또 하나의 습관은 운동하는 습관입니다. 결혼 전에는 절대 살이 찌지 않을 것 같았는데, 출산 후 먹는 것에 대한 욕심만 자꾸 늘어갑니다. 지금 먹지 않으면 다시는 맛있는 것을 먹을 시간이 없을 것 같은 마음에 날로 식욕만 늘어갑니다. 아이들이 남긴 밥이 아까워서 먹고, 입이 심심해서 먹는 것을 찾으며, 운동은 하지 않을 때가 많았습니다. 저는 왜? 매슬로우(Abraham Maslow)의 욕구 5단계 중 생리적 욕구만 마구마구 충만한 것인지… 건강을 위해 조금만 먹고 식욕을 자제해야 할 것 같아요. 의지가 나약해질 땐 아무래도 1년지기들과 함께하는 힘을 빌려봐야 할 듯합니다. 살빼기 카톡방에서 부끄럽지만 몸무게도 공개하면서 그날의 식단과 운동한 것을 공유합니다.

전화상담사 일을 하면서 악성 민원인들과 통화한 내용이 오후 내내 머릿속에 남아 있을 때가 있습니다. 그런 감정을 안고 집으로 돌아오면 기운이 쭉 빠집니다. 허전한 기운을 채우고자 달달한 과자나 음료만 찾았던 제 삶을 반성해봅니다. 힘들어도 운동을 하면 뭔지 모를 행복감이 샘솟고 의지력도 높아집니다. 그래서 요즘엔 새벽시간에 일찍 일어나 운동을 합니다. 땀이 쭉 흐를 때까지 운동을 하고 나면 개운한 기분이 들고 생각이 더 잘 정리됩니다. 아침에 운동을 하고 샤워를 하면서 이런저런 생각을 정리할 수 있는 시간도 생기니 저절로 하루의 시작이 활기차게 되었습니다. 다시 몸을 부지런히 움직여야 할 때인 것 같습니다. 신발끈 질끈 묶고 나가봅니다.

이것이 '인생 습관 두 가지'로 행복을 찾아가는 저의 '일단 시작해! 그리고 함께해!' 여섯 번째 시리즈입니다.

무. 조. 건!

무: 무가치하다고 느끼던 나의 삶을 가치롭게 인정할 수 있도록 자긍심을 키워주는 곳!

조: 조건 없이 누구나 평가받지 않고 스스로의 모습으로 인정받을 수 있는 곳!

건: 건조한 메마른 마음에 끈끈한 결속력으로 따뜻함을 선물하는 곳!

제 느낌대로 '1년 살기'에 관한 삼행시를 지어봤습니다.
지난해 11월 첫째 주! 1년지기들과 함께 1박 2일 워크숍을 다녀왔습니다. 모두 함께 여행을 했으면 좋겠다는 복선생님의 꿈이 발판이 되어 진행된 프로그램이었죠. 어린 자녀들도 함께

했던 행복한 워크숍이었답니다. 하얀눈썹님과 워크숍 장소로
동행하며 많은 이야기를 나누었습니다. 동생이지만 먼저 모임
에 참여한 사람으로서 변화를 위한 꿀팁들을 많이 알려주었습
니다. 그리고 서로 이야기를 주고받으며 마음을 나누는 시간이
되었답니다.

맑음님의 도움으로 양평 대명 리조트로 장소를 잡을 수 있었
고, 퀸스드림님과 순간님께선 사전 답사를 다녀왔습니다. 하
얀눈썹님은 참여인원을 조사하면서 멤버들의 차량 이동 스케
줄을 맞춰 주었지요. 바이헬렌님은 간식 준비와 아침에 식사
할 수 있도록 장을 봐주시는 수고로움을 마다치 않았습니다.
나르샤님은 중학생 아이들과 함께 참석했는데, 큰 아이들이 어
린 아이들을 살뜰히 챙기며 잘 돌봐주었습니다. 송편님은 워크
숍 비용 일부를 지원해 주었어요. 또한 참석 못한 1년지기들은
아쉬워하며 워크숍을 잘 마무리할 수 있도록 응원해 주었답니
다. 아이들이 리조트의 잔디 광장에서 뛰노는 모습을 보며 흐
뭇했고, 1년지기들과 함께 노을이 지는 모습을 보면서 참으로
행복했습니다.
워크숍에선 나르샤님의 미니 특강이 진행되었습니다. 일명 '자

뻑 타임'이란 재미난 게임도 했습니다. 게임 방식은 손뼉을 치며 시작이 되는데, 동그랗게 둘러앉은 사람들 중 누군가 하나 자랑거리를 이야기하면, 나머지 인원은 "대단하다!" 로 화답하며 양손으로 엄지 척! 해주는 게임이었습니다. 게임이 시작되었을 때 저 스스로 참 자랑할 거리가 없는 사람임을 실감했죠. 다른 분들은 참으로 자랑거리도 많은데 저는 빙 둘러앉아 몇 차례 제 순서가 올 때마다 간신히 자랑거리를 캐내고 또 캐내어 말을 했습니다. 참으로 스스로 작게 느껴졌습니다.

자뻑 타임이 끝나고 1년지기들과 저의 직업에 대하여 이야기 나눌 시간이 있었습니다. 그녀들은 제가 하고 있는 고용노동부 전화상담사 일이 가치 있는 일임을 이야기해 주었습니다. '욕받이'라 불리는 전화상담사란 직업에 대한 자긍심 같은 건 1도 없는 상태였죠. 그녀들은 제가 하는 일이 누군가를 위해 꼭 필요한 일이라는 것을 이야기해 주었습니다. 또 전화상담사로서의 에피소드를 소재로 글을 써보면 어떨지 조언해주었습니다. 1년지기들의 조언을 받기 전까지는 스스로를 긍정의 눈으로 바라보지 못했습니다. 누군가의 이야기를 경청해주고, 안내해 주는 상담 일이 가치로운 일임을 세세히 알려주는 1년지기들이 있기에 행복한 맘이 들었습니다.

제 스스로를 8할의 부정 정서로 채우고 있었음을 깨닫게 되었죠. 부정 정서 8할로 삶을 살아갈지, 긍정 정서 2할을 발판 삼아 8할의 부정 정서를 조금씩 바꾸어 살아갈지를 결정하는 건 결국 스스로의 선택인 것입니다.

순전히 그냥 그런 날로 살아갈지, 변화를 이끌어 주도적으로 살면서 발전시켜 나아갈지를 결정하기 위해서는 늘 스스로에게 질문해야 합니다. 간혹 마음이 흔들릴 때도 있습니다. 그럴 땐 나의 삶이 올바른 길을 잘 가고 있는지에 대해 고민해보아야 합니다. 그리고는 무. 조. 건! 해답을 찾을 수 있는 곳으로 가야 합니다. 제게 있어 해답을 찾아낼 수 있는 곳은 '1년 살기' 모임입니다.

코로나19바이러스 사태가 불거진 후로는 모임을 진행하지 못하니 카카오톡으로 소통을 합니다. 가끔 누군가 힘들다는 말을 한마디 건네면 왁자지껄 응원 한 보따리를 선사합니다. 누군가는 지친 그녀를 위해 비타민 충전하라고 영양제를 선물해주기도 하고 힘내라고 소소한 선물도 보내줍니다. 그리고 또 생일날에 축하를 받은 생일자는 1년지기들에게 소소한 랜덤 선물

하루씩 성장하는 꿈을 향한 십계명

첫 째 : 뭐든 도전하는 삶을 살자!
　　　　일단 시작해보아요!

둘 째 : 무.조.건 가치로움을 함께하는 사람들로 채워가자!
　　　　주변 사람들을 점검해보아요!

셋 째 : 꿈 목록을 만들자!
　　　　목표를 향해 전진해요!

넷 째 : 실천을 위한 HABIT을 만들자!
　　　　작은 습관들로 꿈을 향하여 GO GO GO!

다섯째 : 다독다독(多讀多讀)하자!
　　　　마음 성장을 위한 책을 읽어요!

여섯째 : 말의 품격을 지니자!
　　　　향기로운 말, 확언의 말을 하세요!

일곱째 : 나눔을 하자!
　　　　뭐든 나눠보세요!소소한 기쁨이 두 배로~!

여덟째 : 건강한 삶을 살자!
　　　　몸이 튼튼해야 마음도 튼튼해요!

아홉째 : 꾸준히 하자!
　　　　무엇이든 꾸준함이 무기예요!

열번째 : 그럼에도 불구하고 전진하자!
　　　　거북이 걸음으로 간다 해도 두려워 마세요!

**십계명을 맘에 새기며 강연자로서의 꿈을 향해
걸어갑니다! 한 걸음 한 걸음.**

로 기쁨을 선사합니다. 작은 나눔으로 큰 기쁨을 선사해주는 1
년지기들이 함께하기에 그 가치로움은 늘 배가 됩니다.

1년 살기는 서로의 이야기를 경청하며 따뜻한 위로와 마음의
평화를 찾을 수 있는 곳입니다. 그렇게 끈끈한 결속력으로 하
나 됨을 알게 해주는 곳이지요.

동서를 따라 참석을 해서 '행님'이라고 불릴 때도 있고, 1년지기
들에게 따뜻한 말을 건네준다 하여 '햇님'이라고도 불립니다.
모임에 처음 참석할 때 저는 '하나의 올바른 성장을 꿈꾸는 사
람'이 되고 싶어 '하람'이란 닉네임을 지었습니다. (사실 '하람'
이란 두 글자는 딸아이가 작명해준 닉네임입니다. 의미만 제가
부여했을 뿐)

'1년 살기' 라는 HLD(인간적인 리더들의 꿈이 있는 곳) 충만한
희망충전소에서 제가 지은 이름처럼 꿈을 위한 성장을 해나갈
것입니다. 언젠가 오늘을 되돌아봤을 때 '하람'이란 이름을 참
잘 지었구나! 라고 느낄 수 있도록~~ 그리고 누군가에게 '하람'
이란 이름으로 불리는 게 부끄럽지 않도록 살아가야겠습니다.
누군가에게 어떤 이름으로 불리는지가 그 사람을 알 수 있게
해준다고 생각합니다. 1년 살기 모임은 저의 장점을 찾아주고

저에게 맞는 브랜드 네임도 찾아주었습니다.

살면서 어떤 이름으로 불리고 싶은가요? 지금 당신은 꿈을 향해 걷고 계시나요? 가만히 생각해보다가 삶이 힘들 땐 문을 두드려보세요! 제가 참여했던 1년 살기 같은 모임에 참여해서 일단 시작해보고, 아름다운 사람들과 함께해 보세요! 그러면서 계획된 일들을 진행해간다면, 나눔의 가치를 품고 한 단계 한 단계씩 성장해나갈 수 있을 것입니다.

PART 5

있는 그대로의 나로
살아가기 위하여

● 무아 (진희선)

모바일기획자, 온라인MD로 일했습니다.

갑작스런 주재원 아내로의 삶 덕분에 경력단절을 경험했으나

생존을 위해 배운 언어(중국어)를 가르치는

5년차 프리랜서 강사가 되었습니다.

마음, 생각, 사람을 잇는 '잇다 ITDA'의 운영자로

나를 알아가는 과정에 관심을 갖고 '그림책 인사이트 충전소',

나를 알아가는 기록 '레드북',

나를 잇는 글쓰기 '連연'의 프로젝트 리더로 활동하고 있습니다.

나를 이해하는 프로젝트로

조금 더 나답게 살아가는 삶의 방향을 제시합니다.

블로그 blog.naver.com/happy_mua

네이버카페 https://cafe.naver.com/icdoit

인스타그램 @mua_happy

유쾌하지만은 않은 내 안의 반란

주재원인 남편을 따라 낯선 나라 중국에서 살게 되었습니다. 중국 땅을 밟으며 생긴 첫 목표는 '적응'이었습니다. 제 삶에 큰 영향을 주었던 중국에서의 6년간의 생활을 뒤로한 채 귀국을 했습니다. 이후 제 목표는 다시 6년 전과 같은 '적응'이 되고 말았습니다.

내 삶에서 가장 익숙했던 곳, 내 나라, 나의 학창시절을 보냈던 이곳에서 적응이 필요할 줄은 몰랐습니다. 아이엄마가 되어 돌아온 저는, 많이 달라진 주변환경과 상황으로, 잘 안다고 생각했던 곳이 낯설게 느껴졌습니다.

아이들을 학교와 유치원에 입학시키며 혹여나 아이들이 오랜 해외 생활로 적응하지 못할까 전전긍긍했습니다. 낯설음과 어색함에 더해지는 경제적 압박, 외벌이로는 교육비와 생활비를 감당할 수 없겠다는 결론에 이르게 됩니다. 현실을 마주한 저는 주부로만 있을 수 없었습니다.

자의반 타의반으로 새로운 직업에 도전했습니다. 중국에서 적응하기 위해 공부한 중국어를 발판으로 강사에 도전하기로 마음먹었습니다. 경력단절로 선택의 여지가 없는 상황, 한 번도 경험해보지 못한 영역에 도전해야 했습니다. 하루빨리 적응하고 싶은 마음에 절박했습니다. 매일 밤 아이들이 잠들면 저는 다시 사회로 나갈 준비를 했습니다.

밤마다 중국어 학위 관련 사이버대학교 수업을 듣고 리포트를 작성했습니다. 낮에는 일하고 밤에는 공부하며, 밤을 새워 수업준비를 하며 보낸 3년, 그 시간을 되돌아보니 많이 애쓰며 살았다는 생각이 듭니다.

배우고 노력하며 강사로 활동하던 시간은 나름의 즐거움도 있었고 성취감도 컸습니다. 모든 일에는 시간이 흘러 찾아오는 익숙함이라는 순간이 있기 마련입니다. 강사로서 3년을 보내며 일이 익숙해질 무렵이었습니다. 어느 날 갑자기 마음 한구석에 찾아온 낯선 손님은 헛헛함과 답답함을 데리고 왔습니다. 프리랜서 강사의 일은 자유롭기도 했지만 마음 한쪽에 늘 불안감이 있었습니다. 1년 단위로 계약을 갱신하는 삶이라 항상 다음해를 생각해야 했고, 11,12월이 되면 (아니라고 말은 했지만) 반복적으로 예민해졌습니다.

일과 생활이 자주 흔들흔들 불안감에 휩싸여도 이런 제 상황을 공유하고 발전적 이야기를 함께 나눌 사람이 없었습니다. 직장을 다니고 있는 친구들은 그저 프리랜서라 자유롭겠다고 하고, 부모님께는 걱정하실까 싶어서, 동생들에게는 든든한 언니로 남고 싶어서 나의 속마음을 온전히 드러내지 못했습니다. 같은 분야에 계신 분들과는 이야기를 나누어도 서로 깊게 공감하는 관계로 발전되기 어려웠습니다.

나에게 찾아온 감정들의 정체도 알아차리지 못하고 시간만 흘러갔습니다. 제가 겪고 있는 이상하고도 힘든 감정을 그 누구도 정의내려주지 못했습니다. 이런 상황을 가까운 이들에게 살짝 꺼내려 하면 "다 그러고 살아, 너만 왜 유난스럽게 구니?" 라는 답이 돌아오곤 했습니다.

강한 비바람이 휘몰아치는 듯한 나의 감정은 바쁠 때에는 수면 아래로 내려가 꼭꼭 숨어 있다가 잠시라도 여유가 생기면, 특히 고요한 밤 시간에 다시 찾아와서 밤늦도록 뒤흔들어 놓았습니다. 매일 반복되는 감정의 폭풍을 견디느라 늘 피곤했고, 저는 점점 지쳐갔습니다. 피곤함은 짜증으로 바뀌어 나를 향했던 뾰족한 송곳이 아이들을 향하기도 했습니다. 아이들에게는 좋은 엄마가 되고 싶었고, 남편으로부터 지지 받는 멋진 아내가 되고 싶었습니다. 귀국 후 엉망이 된 나의 삶이지만 육아와 일, 모두 잘 해내고 싶었습니다.

잘 살아보겠다고 아등바등했지만 그 어느 것 하나 자리 잡지 못했다는 생각에 답답했습니다. 다른 이들에게는 평범한 보통 사람으로 그럭저럭 잘 살아가고 있다고 비춰지는 나의 삶이라는 도화지가 나에게는 유독 까만색 크레파스로만 가득 칠해진 느낌이었습니다.

1년, 2년… 마음에 묵직한 돌덩이를 안고 시간이 흘러만 갔습니다. 위로를 받고 싶었을까요? 그 즈음 중국어 강의 연구 때문에 찾아보던 유튜브에서 마음을 다스리는 방법에 관해 이야기하는 한 유튜버를 알게 되었습니다. 여러 가지 마음을 다스리는 책들을 추천해주어서 읽기 시작했습니다. 책을 읽으며 자연스레 삶의 변화에 대해 꿈꾸게 되었습니다.

도서관에서 빨간 표지의 책을 만났습니다. 책을 통해 삶을 변화시켰다는 전안나 작가의 《1천 권 독서법》이었습니다. 저자는 "100권을 읽고 마음이 안정됨을 느꼈고, 300권쯤 읽은 뒤에는 누군가를 미워하고 원망하는 마음이 사라졌으며, 500권을 읽고부터는 새로운 세계에 대한 호기심이 차올랐다. 결정적 변화는 800권 독서를 기점으로 찾아왔다. 800권의 책을 읽자 작가가 되어 책을 내고 싶다는 생각이 들었다"고 이야기합니다. '어쩌면…' 하며 한 장 한 장 책장을 넘기기 시작했습니다. 저자가 이룬 변화를 나도 이루고 싶다는 희망이 생겼습니다.

한 해 동안 읽었던 책이 5권도 되지 않았던 저는 쉬운 책, 재미있는 책, 읽고 싶은 책부터 읽어나가기 시작했죠. 책에 관심을 갖게 되자 도서관마다 개설되는 책과 관련된 강의들이 궁금해졌고, 찾아다녔습니다. 그렇게 책은 저를 새로운 공간으로 데려가 주었습니다. 책을 좋아하고 책을 매개로 모이는 사람들이 많다는 사실이 놀라웠습니다.

강의를 들으며 강사님을 통해 책을 추천받기도 하고 꼬리에 꼬리를 무는 연계독서를 하게 되면서 읽어야 할 책, 읽고 싶은 책들이 생겨났습니다. 시간을 쪼개 책을 읽었지만 읽기만 하는 것으로는 삶을 변화시킬 수 없다는 것을 알게 되었습니다. 적용과 실행이라는 숙제가 생겼습니다.

책과 함께 행동의 변화를 이끌어줄 수 있는 무엇인가를 찾아보기로 했습니다. 나의 변화에 대해 긍정으로 생각하지 않는 주변에서 찾기는 어려웠습니다. 변화하고 성장하는 삶에 동의하고 행동하는 이들을 찾아 나서게 됩니다. 참 신기한 일입니다. 주변에서는 그렇게 찾으려고 해도 찾을 수 없던 변화의 바람이 온라인 안에서는 가득 펼쳐지고 있었습니다. 이미 수많은 모임과 온라인 프로젝트들이 있었고, 온라인 모임이 오프라인 모임으로 확장되어 성장하고 있었습니다.

'뭐지? 이미 이렇게 많은 것들이 있었는데, 나는 몰랐구나. 나도 공허하고 헛헛한 마음들을 나 스스로 잘 처리할 수 있는 사람이고 싶다' 라는 마음이 뜨겁게 올라왔습니다.

나의 변화를 실현시켜줄 도구로 한쪽은 책읽기로 또 다른 방향은 실행을 위한 모임 참여로 결정했습니다. 꾸준히 책을 읽고, 때때로 독서모임을 찾아 참석했습니다. 독서지도 강사님이 운영하시는 나비모임에도 참여하며 책읽기를 이어갑니다.

변화에 대한 절박함 때문이었을까요? 전에는 보이지 않았던 변화와 성장의 여정을 함께하는 만남들이 눈앞에 보이기 시작했습니다. 하지만 새로운 사람들을 만나고, 그 안에서 활동해야 하는 선택의 순간, 또다시 망설여졌습니다. 정체를 알 수 없는 불안감에 저는 또다시 움츠러들었습니다.

저와 결이 맞는 좋은 사람들을 만나고 싶었습니다. 내 생각과 상황을 이해해주고 함께 성장할 사람들이 필요했습니다. 30대 후반에서야 결심한 변화를 헛되게 하고 싶지 않았거든요. 먼저 그동안 내가 몰랐던 세계를 알아가는 일부터 시작했습니다. 블로그에 글을 쓰고 블로그를 통해 연결되는 사람들의 이야기에 귀 기울이며 참고하기 시작했습니다. 어떤 모임이 좋은 모임일까? 이 모임에서는 무엇을 하려고 하는 걸까? 이 모임에 참석하면 무엇이 좋을까? 생각하며 정보를 모으기 시작했어요.

'나를 찾아가는 길', '다시, 시작'을 이야기하는 모임에 관심이 생겼습니다. 그 모임들은 단순히 잘 사는 방법을 찾는 것도 성공하는 방법을 알아가는 것도 아닌, 나를 이해하고 나를 찾아가는 길, 어제와는 다른 변화된 삶의 시작을 이야기하는 모임이었습니다.

언제까지
이럴 순 없어

   '언제까지 이럴 순 없어! 나는 이제 변하겠어!' 라는 생각을 하게 된 이후 제 머릿속은 '이제, 무엇을 해야 할까?'로 가득했습니다.

지금까지의 삶은 부정하고 싶고 막연히 새로운 방향으로만 나아가고 싶었어요. 일본의 유명한 경제평론가인 오마에 겐이치는 운명을 바꾸는 3가지 방법을 말합니다.

1. 살던 곳을 버리고 이사를 가라.
2. 시간을 달리 써라.
3. 나와 전혀 다른 사람을 만나라.

운명을 바꾸기 위해서는 시간과 공간과 사람을 바꾸라는 이야기였습니다.

운명을 바꾸기 위해서 또 나의 변화를 위해서 만나는 사람을 바꾸는 일은 지금이라도 해볼 수 있을 것 같았습니다. 인간의 운명이라는 것이 다른 사람과의 만남을 통해서 변화 가능하다니… 순간 심장이 쿵쿵 뛰는 느낌이 들었습니다. 변화할 수 있다는 생각으로 기대되고 흥분되었습니다.

결국 저는 전혀 다른 공간의 사람을 만나보기로 했습니다. 의식적으로 지속적인 만남을 만들어가는 것에 대한 부담감이 있었지만, 나를 변화로 이끌어줄 사람을 만날 수 있을 거라는 왠지 모를 희망에 부풀었습니다. 전혀 다른 사람들을 만나보는 것, 그동안의 삶의 방향은 달랐지만, 지금의 관심사가 비슷한 사람들과의 만남이 궁금해졌습니다.

검색, 또 검색, 꼬리에 꼬리를 물며 카페와 블로그를 넘나들다 한 사람을 알게 되었습니다. 그 분이 운영하는 블로그의 지난 글들도 하나하나 마음을 다해 읽어내려 갔습니다. 태어나서 그렇게 많은 글을 오랜 시간 읽어내려간 것은 처음이었어요. 글을 하나하나 읽어가는 내내 마음이 설레었습니다. 그리고 궁금해지기 시작했지요. '아, 이 사람 만나보고 싶다!'

무슨 용기였을까요? 한 번도 본 적 없는 사람들에게 댓글을 달고 궁금한 것을 물어보기 시작했어요. 그리고 용기를 내어 만나고 싶다는 댓글을 달고 두근두근 대답을 기다립니다. 나를 만나줄까? 내가 뭐라고… 생각하는 찰나, 답글이 달렸어요.

"무아님, 우리 만나요!"

'꺅! 나를 만나준다고?' 흥분된 마음 뒤로 큰 산을 넘어선 것 같은 느낌이 좋았습니다. 그렇게 만나게 된 분이 바로 '1년 살기' 모임의 리더인 퀸스드림님이었습니다.

퀸스드림님과의 만남은 제 생각의 방향을 많이 틀어주는 계기가 되었어요. 변화하고 싶다는 마음으로 조급한 저의 모습을 알게 해주었거든요. 그녀를 만나 '1년 살기' 모임에 대해 물었습니다. 1년 동안 한 가지의 목표를 정하고 그 목표를 이루기 위해 노력하는 모임, 그 목표를 서로 응원하고 지지하는 모임이라고 했습니다. 그 안에서 나도 무엇인가 이룰 수 있을 것 같은 희망이 생겼습니다. "멀리 가려면 함께 가라"라는 말처럼 저도 서로 응원을 주고받으며 함께 멀리 갈 수 있을 것 같아 모임에 참석하겠다는 말이 입에서 튀어 나왔습니다.

그렇게 저는 '1년 살기'와 인연이 시작되었습니다.

나만 몰랐던
그녀들의 비밀

토요일 아침 7시, 강남역으로 향하는 발걸음에 떨림과 설렘이 가득합니다. 버스를 타기 위해 컴컴한 거리를 걷고 있는 제 모습이 낯설기도 하고 어색합니다. 일주일 전만 해도 상상할 수 없는 일을 제가 하고 있었어요. 아이들이 깰까 조심스레 씻고 화장하고 슬그머니 나오는 새벽, 아이들에게 미안했지만 제 가슴은 이미 뛰고 있었습니다. 전날 저녁 나를 소개하는 비전보드를 만들며 한 해를 어떤 모습으로 보낼까 고민하고 또 고민했어요. 무엇을 소개하든 낯선 이들 앞에서 하는 발표는 큰 부담이었습니다. 뭔가 잘 해내고 싶은 마음과 욕심. 나는 잘 해낼 수 있을까? 숨고 싶은 마음도 생기더군요. 버스는 이미 도착지에 다다랐습니다. 다음 정류장이 강남역이라는 안내방송이 흘러나옵니다. 두려운 마음을 뒤로하고 모임장소로 향하는 계단을 하나씩 하나씩 올라가봅니다.

변화를 이루어가는 모임에 나오는 사람들은 어떤 모습일까요? 어떤 이야기를 나누고 어떻게 모임이 진행되어갈지 궁금해집니다. 첫 만남은 언제나 설레고 떨리고 어색하죠. 도착해서 문을 열고 들어선 순간, 자리에 앉아 있는 사람들을 보고 그저 놀랍기만 합니다. 토요일 아침 일찍부터 만나서 무엇인가를 하는 사람들이 있구나, 이런 사람들이 있었어… 한 살 한 살 나이를 먹어가며 세상을 더 잘 이해하게 되었다고 생각했는데 저는 모르는 것 투성이였습니다.

시작부터 놀람의 연속입니다. 한 사람 한 사람 자세히 살펴보았습니다. 이곳에 모인 사람들이 궁금했습니다. 무엇을 위해 모였을까? 이곳에서 무엇을 하고 싶은 것일까?

각자의 이야기를 풀어가는 시간, 한 명 한 명의 이야기와 이름, 닉네임을 받아 적으며 기억하려 애써 봅니다. 목표와 달성률을 이야기하는 그녀들이 다른 세계 사람인 것 같습니다. 이야기를 듣는 것만으로도 힐링이 되었습니다. 그저 각자의 삶을 잠시 공유했을 뿐인데 내 마음이 뜨거워질 수 있다는 것이 신기했습니다. 그녀들의 삶을 넋 놓고 들으며 울고 웃는 시간이 지나가고 나의 첫 발표가 남은 상황.

늦은 시간까지 어렵게 준비한 나의 비전보드를 여러 사람 앞에서 공표하는 시간이 왔습니다. 떨리는 목소리로 겨우 마친 발표… 내가 무슨 이야기를 했는지도 잘 기억이 나지 않더군요. 무사히 마쳤다는 안도감이 들 무렵, 어쩌다 마주친 멤버들의 눈빛에는 따뜻한 응원이 가득했습니다. 떨리는 제 목소리에 함께 긴장해주고 진심으로 웃어주는 그녀들의 모습에서 제 이야기를 온전히 진심으로 들어주는 느낌을 받았습니다. 나를 응원해주는 이들과 함께라면 변화에 도전해볼 수 있을 것 같았습니다.

꿈을 공유한 그녀들과의 첫 만남 이후, 앞으로의 1년이 더욱 즐거울 것만 같습니다. 앞으로 매달 만나게 될 그녀들과 저는 무엇을 할 수 있을까요?

집으로 돌아가는 동안에도 들뜬 기분은 쉽게 사라지지 않았습니다. 저절로 노래도 흥얼거리게 되고 멀게만 느껴지던 서울까지의 거리도 가깝게 느껴지는 마법 같은 경험이었죠.

아직 이루어낸 것도 없는 첫 시작이지만 저의 심장은 계속 쿵쿵 뛰고 있었습니다.

아이들만 자기주도가 필요한가요

1년 살기는 여느 모임과 달랐습니다. 자기주도적 성향이 강했습니다. 계획을 세우는 것도 실천해 나가는 것도 개인의 생각과 선택에 달려 있었죠.

대한민국이라는 곳에서 태어나 착한 아이로 모범생이라는 틀 안에서 고지식하게만 살았던 저는 정답을 찾는 삶에 익숙했습니다. 누군가 이것 좀 해줄래? 라고 이야기하면 열심히 해서 결과를 내는 사람, 알려주는 것 지시받는 것에 익숙한, 저는 그런 사람이었습니다.

하고 싶은 것을 생각하고 함께 협력하여 무엇인가를 만들어가는 이 모임은 조금 달랐습니다. 그 어떤 누구도 강요하지 않는다는 것, 누구나가 생각하는 정답을 놓고 그것을 향해 달려가

성과를 내기 위한 모임이 아니라는 것을 알게 되었습니다. 하고 싶은 것을 누구나 말할 수 있고 함께하고 싶다면 손을 들면 되는 이 모임은 자율성 그 자체였지요. 저는 아직도 자율성이 부족한 사람인가 봅니다. 자율적으로 무엇을 해내는 것이 어려웠어요. 무엇인가를 주도적으로 계획을 짜고 그 계획을 실천해 나가는 것. 나만의 계획을 실행해 나간다고 하면서도 지속적으로 확인을 받고 싶었거든요.

내가 잘하고 있는 걸까? 내가 하는 행동들과 노력이 헛수고가 되는 건 아닐까? 이렇게 한다고 뭐가 변하겠어? 라는 생각들이 마음속으로 자꾸 밀려들어왔습니다. 누군가가 저에게 길을 알려주고 저를 끌어주기를 바랐습니다. 성장하고 변화한 과정을 앞서 경험한 이들이 자세히 알려주기를 말이죠. 그래서 제가 원하는 바를 리더와 기존의 멤버들에게 표현했어요. 처음 온 멤버들의 적응이나, 교육에 대한 부분은 어떻게 진행할 건지? 계획이 있는지? 다급한 마음이 들어 질문들을 쏟아냈는데, 시간이 지나 다시 그때를 회상해보니, 내가 바라던 것들이 이 모임에서 받아들이기에는 지극히 개인적인 것 아니었나? 하는 생각이 듭니다.

무엇을 교육하려고 만든 모임도 아닌데 교육을 이야기하고, 지

름길을 내놓으라고 이야기하는 제가 그들에게 어떤 사람으로
보였을까요?

그렇게 모임과 나의 거리를 조율하는 시간을 가지며 한 달 한
달 시간을 보내게 됩니다. '시작했으니 올해까지는 해보자!' 라
는 마음으로 내 마음을 다잡았습니다. 처음, 변화를 위해 이 모
임을 선택하고 참여한 이유를 잊고 있었습니다. 다시, 내가 이
모임을 왜? 참여하려고 했지? 라는 본질적인 물음을 갖고 첫
마음에 대해 생각해봐야 했습니다. '변화하고 함께 성장한다'
라는 첫 마음이 희미해져 갈수록 설렘으로 쿵쾅거리던 심장은
조급함으로 떨리기만 했습니다.
입시학원처럼 주입식으로 정답을 알려주기를 바라던 나는 또
다시 답답한 틀에 갇혀 있는 사람이었습니다. 스스로 길을 찾
고 자율적으로 행동하는 성숙한 사람으로의 성장이 필요했습
니다. 시키는 것을 하는 삶에서 주도적으로 일을 만들고 처리
하는 사람으로의 변화 과정에서 찾아온 성장통은 생각보다 견
디기 힘들었습니다.

빠르게 이루고 싶은 욕망과 불안감

몇 번의 모임이 진행된 후에 밀려든 혼란. 나는 이 모임에 잘 적응할 수 있을까? 나는 여기에서 뭘 하려고 했었지? 자율이라는 것이 주어졌음에도 더 움츠러드는 나의 모습.

마음 속 방황이 시작되었습니다. 이제 변화를 위해 달려나갈 일만 남았다고 생각했는데 또 다시 방황이라니, 답답하기만 했어요. 이런 제 마음을 느꼈을까요? 퀸스님에게서 만나자는 연락을 받게 됩니다.

뜨거웠던 7월 어느 날, 시원한 아메리카노를 앞에 놓고 저는 엄마에게 투정하듯 고민을 꺼내어 놓았습니다.

"저는 성장하고 싶어요. 무엇을 먼저 해야 할까요? 성장을 하려면 무엇이 필요할까요? 다다다다…."

퀸스님은 고개를 끄덕이며 조용히 이야기를 다 듣고는 입을 뗐습니다.

"무아님, 일단 아무것도 하지 마세요. 그리고 시간을 갖고 다른 멤버들을 지켜보세요."

망치로 머리를 맞은 것 같았어요. 무엇인가를 이루기 위해서 열심히 배우고 해야 한다고 생각하던 저에게 "아무것도 하지 마세요!" 라니… 순간 너무 당황해서 말을 이어갈 수가 없었습니다. 이어서 말하는 그녀. "조급함은 눈을 모두 가려서 볼 수 없게 만들어요. 무아님 많이 불안해 보여요. 안정감 없이 흔들리고 있는 것 같아요. 지금은 잠시 멈추고 1년 살기 모임 멤버들의 모습을 보아도 좋고, 나 자신의 모습을 돌아보는 것도 좋을 것 같아요. 조급함을 내려놓아야 진짜가 보이니까요."

나의 조급함의 진짜 이유. 그녀는 알고 나는 몰랐어요. 겨우겨우 경기장 밖으로 나오기는 했는데, 방향성도 없이 저는 다시 경주마와 같은 삶을 시작하고 있었습니다.

결국 내가 원하는 것을 이루어가기까지는 끊임없는 도전의 연속이고, 그 도전을 정의하는 것은 바로 '나' 라는 사람이 원하는 것, 좋아하는 것, 행복한 것들을 알아야 합니다. 그것은 잠시 멈추고 나를 돌아보는 시간을 맞이할 때, 알아차리게 됩니다. 나에게 멈춤의 시간, 충분히 멈추어 서서 다시 나에게 집중하는 시간이 필요함을 알게 되었습니다.

잠깐 멈추어야 한다는 그 말이 참 아팠습니다. 무엇인가를 만들어내고 싶었거든요. 멈춤이라는 단어를 꺼내드는 순간 나는 변화를, 성장을 내려놓는 것이라고 생각했어요. 그냥 '다, 끝이구나' 라는 생각이 밀려왔습니다.

돌아오는 버스 안에서 퀸스님과 함께 나눈 대화를 곱씹어보았습니다. 나의 모습을 돌아보지 못했던 나, 조급했던 나, 성공하고 싶은 욕심에 불타오르던 내 모습이 조금은 느껴집니다. 그녀에게 이런 모습이 고스란히 전해졌겠구나… 나의 민낯을 들킨 것 같아 한없이 작아집니다.

그후, 멈추었습니다. 조급함에 가려져 보이지 않았던 1년지기 멤버들의 작은 도전과 성장의 걸음들, 그들이 무엇을 향해 가고 있는지가 조금씩 보이기 시작했습니다.

나만의 속도로 사는 것을 목표로 하는 멤버, 평범함을 넘어 비범함으로 살아가려는 멤버, 진짜 나의 길을 찾는 것을 목표로 하는 멤버, 건강하게 사는 삶을 목표로 살아가는 멤버.

멤버 모두 각자가 추구하는 자신의 모습과 목표가 있었습니다. 돈을 많이 벌고 성공하겠다는 목표가 아니라 정말 자신의 삶을 변화시키겠다는 목표… 멤버들은 이미 그 내용을 이해하고 자신의 삶에 진정 가치 있는 것을 목표로 삼아 1년을 만들어가고 있는 중이었습니다.

조급함을 내려놓고 다시 저는 어떻게 1년을 살 것인가를 노트에 끄적이며 생각하기 시작했습니다. 자만심 가득하게 "저는 이런 목표로 살 거예요. 이런 것들을 할 거예요" 라고 발표했던 나의 모습을 돌아보게 된 시간, 무엇이 그렇게 당당했을까? 예전의 발표시간이 떠올라 얼굴이 화끈거렸습니다.

가치에 대해 깊이 고민했습니다. 욕심 가득한 목표가 아닌 나의 생활, 삶을 바꾸어나갈 진짜 계획과 목표를 세워가는 나.

한쪽으로만 치우치는 삶을 균형 있게 만들고 싶었던 저는 매달 다섯 가지의 카테고리를 놓고 계획을 세웠습니다. 독서, 건강, 가족, 자기계발, 도전.

독서할 책 리스트를 미리 뽑아서 한 주에 읽어야 할 양을 정해서 계획을 세웠고, 건강을 위한 매일 30분 운동으로 홈트 혹은 공원 걷기를 목표로 했습니다. 가족들과는 매일 아침 굿모닝

어떻게 1년을 살 것인가

(2019년 8월의 계획)

- **독서 (읽을 책 목록을 미리 작성하고 일정과 계획 세우기)**
  - 10권 목표 / 리뷰 2권 / 책파먹기 1권 (리뷰)

  관점을디자인하라 / 본깨적 / 12가지인생의법칙 / 부의감각
  부자아빠가난한아빠 / 생각이 돈이 되는 순간 / 정리하는뇌
  클루지 / 엄마의 경제 독립 프로젝트 / 생각의 비밀

- **건강**
  - 매일 어떤 방식으로든 30분 이상 지속하기
  - 아침산책 30분

- **가족**
  - 굿모닝 인사
  - 일어나면 책상에 모여 버츄카드 뽑고 시작하기
  - 아이들 학습 챙기기 (여름방학 계획 함께 세우기)
  - 저녁 산책 시간 (30분) or 보드게임
  - 잠들기 전 30분 독서 (온 가족 함께 책읽기)
  - 매달 여행 가기 (휴가 계획 세우기)

- **자기계발**
  - 미라클 모닝: 5시 30분 기상 (습관 장착 후 독서로 연결)
  - 블로그 글쓰기

- **도전**
  - 나만의 콘텐츠를 고민하고 그것을 실현할 프로젝트를 정리해서 만들고 기획할 것
  - 두잇 프로젝트 기획하고 시작 공지하기

인사, 아이들 학습 챙기기, 저녁 식사 후 함께 책읽기, 매달 여행가기 라는 목표를 세우고 세부계획을 세우니 모든 것을 달성하기는 힘들어도 매일 의식하며 지켜나가려고 애쓰게 되었습니다. 뭘 해야 하지? 하는 생각에 처음에는 계획을 세우는 것도 힘들었습니다.

다른 멤버들의 계획을 참고하기도 하고 나의 목표에 대해 고민하는 시간을 가졌습니다. 균형 있는 삶을 위해 영역별로 관리해보는 것이 좋겠다는 생각이 들었습니다. 매번 급한 일들을 처리하느라 정작 중요한 것은 놓치고 살 때가 많아서, 영역별로 목표를 세우고 실천하기를 실행해 나갔습니다. 나의 편의를 위해 계획했고 실행했습니다. 나를 위해 했던 일인데 한 멤버는 나에게 동기부여가 되었다고 따라해본다고 말해주었습니다. 영역별로 계획을 세우고 실천해보겠다고….

계획을 세우고 실행한다는 것은 나의 생활을 바꾸어 나가는 것입니다. 화려한 계획보다 진정으로 나를 변화시킬 계획을 세워 실천하는 것이 1년을 잘 살아내는 방법인 것 같다는 생각이 들었습니다.

관점을
바꾼다면?

퀸스님과 멤버들은 그녀들의 첫 책을 준비하며 분주한 여름을 보내는 모습이었습니다. 멤버들이 바쁜 시간을 보낼수록 아직 방향을 잡지 못한 저는 불안한 모습으로 그들이 준비하는 것들을 바라봅니다. '이 모임은 기존 멤버들을 위한 모임인가?' 하는 마음이 올라오며 모임에서 내 위치는? 나는 여기에 무엇을 하려고 참여하는 거지? 라는 생각이 듭니다. 내 성장과 발전을 위해 모임에 참여했는데, 그들만 성장하는 느낌. 나의 시간과 에너지를 쓰면서 내가 여기 참여할 이유가 있나? 하는 생각이 밀려듭니다. 질문을 할수록 어렵기만 했습니다.

나의 역할과 나의 위치를 계속 고민하게 되자 생각의 무게가 자꾸만 기울어져서 아무것도 할 의욕이 생기지 않았습니다. 모임 첫날에 느꼈던 떨림은 어디론가 사라지고 무기력함만 남았습니다.

그녀들만의 세계에서 나는 외부인인 듯 이제 그녀들과 함께하는 시간도 즐겁지 않았습니다. 이후 다른 멤버들의 활기찬 모습, 왕성한 활동과는 다르게 저만 자꾸만 침체되어 메시지에도 답하고 싶지 않기도 했습니다. 부러웠던 걸까요? 나는 아무것도 해낸 것이 없는데, 성과를 내가는 기존 멤버들의 모습이… 며칠을 마음을 쓰고 않았습니다.

그것 또한 모임을 좋아했기 때문이었겠죠. 기대도 많았고요. 말 못하고 속으로만 끙끙거리는, 변화하지 못하는 모습이 다시 찾아온 것 같아 답답했습니다. 문득, 내가 말하지 않는데, 가족도 알기 힘든 내 마음을 그들이 어떻게 알아? 하는 생각이 들었어요. 혼자만의 생각으로 상상을 키워가지 않기로 했습니다. 불만을 표현하는 것이 아니라, 지금 나의 생각을 있는 그대로 표현해보기로 결정했습니다.

2019년은 '1년 살기' 모임이 '1년 후 졸업' 하는 취지에서 '지속하여 성장' 하는 모임으로 방향을 바꾸어 2년차가 되는 해였습니다. 모임이라는 것은 참여자들과 함께 성장하기 때문에 이제 막 방향을 바꾼 모임이 미숙한 부분이 있는 게 너무나 당연한 일이죠. 2년차가 된 기존 멤버들은 일정이 빡빡한 프로젝트를 진행하다 보니, 신규 멤버들의 마음까지는 볼 수 없었던 것 같아요. 프로젝트를 운영하느라, 발등에 불이 떨어져 한명 한명을 돌아볼 여유가 없었던 것이죠. 말하지 않았다면 마음에 불신이 가득차서, 결국 모임 참여를 중단했을지도 모르겠어요.

마음을 열자 모임이 다르게 보이기 시작했습니다. 누구에게나 이미 열려 있는 모임이었다는 것을요. 손들고 마음을 이야기하는 사람, 그리고 무엇인가 해보고 싶다고 표현하는 사람에게는 어떤 기회든지 열려 있었다는 것을요. 저는 그 기회를 알아보지 못했던 겁니다.

《장사의 신》의 저자 우노 다카시는 마음가짐에 대한 이야기를 합니다.

'오늘 장사 안 된다, 잘 안 팔린다'라고 생각하기보다 찾아와준 손님에 감사하고 상황을 마이너스로 보지 않는 마음가짐을 가져야 잘 되는 가게로 이어진다고 말합니다.

결국 모임에서의 문제도 내 마음가짐으로부터 시작되었다고 생각해요. 내가 선택해서 활동하고 있는 이 모임을 즐겁고 행복하게 참여하고 싶다면 즐거움이라는 마음가짐으로 바라보아야 했습니다.

리더와 멤버들은 "당신의 마음과 태도의 문제입니다" 라고 말할 수도 있었을 텐데 끝까지 들어주고 공감해주고 함께 방향성을 찾기 위해 노력해주었어요. 모임 운영에 관한 문제를 언급하기 전에 내가 할 수 있는 부분에서 나는 최선을 다했을까를 고민해봤어야 했습니다. 어쩌면 자기변명이나 하소연일 수도 있는 이야기를 시행착오 과정으로 봐주고 '어떻게 할까?'를 함께 고민해주어서 감사했습니다.

보통 모임에 참여하다 보면 무엇인가를 수동적인 자세로 받는 것을 기다리고 그것이 충족되지 않았을 때 부정적으로 반감을 갖게 되는 경우가 많습니다. 그리고 한 번 생긴 반감은 모임의 어떤 프로젝트에도 협조하지 않는 패턴으로 흘러가버리는 경우가 많아요. 함께 성장하겠다는 이유로 모임에 왔다가도 적응하지 못하고 돌아가는 사람들도 많이 있어요. 보통은 이런 이유 때문이 아닐까? 하는 생각이 듭니다. 당장 나에게 돌아올 이익이나 혜택들을 재고 따지다가 얻을 것이 없다, 라는 생각이 들면 더 이상 모임이 즐겁지 않게 됩니다. 즐겁지 않은 마음은 태도로 연결이 되어 모임에 적극적일 수가 없습니다.

어떤 모임이든 모임의 색이 있기 마련이고, 그 모임이 나의 색과 결이 맞을 때 우리는 모임을 지속할 수 있습니다. 보통의 모임에서는 리더와 스태프들이 끌어가면 그들이 이끄는 대로 활동하게 됩니다. 하지만 모임의 책임이 모두 리더에게 있는 것은 아닙니다. 물론 1년 살기 모임도 프로젝트를 진행하면 프로젝트 리더들이 일정을 조율하고 진두지휘는 합니다만, 처음 프로젝트의 출발은 지극히 개인들의 자유의지에서부터였습니다. 누가 제안했는가의 문제가 아니라 그 제안한 의견에 함께할 동료가 있고, 무모하지만 시작해볼 수 있다는 것이 '1년 살기' 모임의 장점입니다.

나는 나의 주인

아이의 교과서에 수록되어 있는 그림책《나는 나의 주인》
첫 장을 넘기며 만난 첫 문장의 뭉클함을 잊을 수가 없습니다.
"나는 나의 주인입니다."

39세, 두 아이의 엄마로 사는 이 순간에도 나는 나의 주인으로
살고 있는지 고민합니다. 나를 알아야겠다는 위기의식으로 시
작된 나를 찾아가는 여정. 다시 내가 무엇을 좋아하지? 내가 가
장 행복했던 때는? 여러 가지를 생각해보았습니다. 철들지 않
고 나이만 들어버린 것 같은 모습에 불안해집니다. 1년에도 몇
차례 저를 방문하는 두려움, 막막함이라는 손님들이 익숙할 만
도 한데, 그때마다 여지없이 무너집니다. 이렇게 안 반가운 손
님을 보내는 방법은 그저 나의 일상을 회복하는 것뿐입니다.

책을 펼치고 모니터를 보며 나의 생각을 적어가고, 운동으로 몸을 단련하는 일상, 일정한 루틴을 갖고 생활하는 것. 내 앞에 있는 작은 목표를 이루며 하루를 살아냈을 때 비로소 나를 믿을 수 있게 되었습니다. 순간순간 찾아오는 그 손님들을 위해서 내 마음을 떠나 길게 여행하고 오시도록 오늘은 현관문을 열어 배웅하려 해요. 또 찾아올 수도 있겠지만 나는 기다리지 않겠다고 말하면서요.

결국 내가 나의 주인이 된다는 것은 나를 잘 아는 것, 나를 이해한다는 것이었어요.

나에 대한 질문을 잘하고 싶다는 생각으로 '하브루타'를 배웠습니다. 질문으로 사고의 확장을 경험하는 시간들이 좋았습니다. 나를 향한 질문들에 답하면서 나 자신과 진지한 대화를 했습니다. 함께 이야기 나누던 짝토론 시간은 나의 입장도, 상대방의 입장도 헤아릴 수 있는 시간이었습니다. 잊고 있던 나를 이해하게 되었습니다.

막연하고 힘든 때도 있었지만, 그 순간순간이 모두 경험이 된다는 것과 그 경험이 나를 나의 주인으로 만들어주고 있다는 것을 어렴풋이 알아갑니다.

누구도 아닌 내가
해야 할 일은 무엇일까

두려움 속에 갇혀 바닥을 치다 그 길을 통과하게 된 후, 나를 이해하는 단단함으로 모임을 더욱 긍정적으로 바라보게 되었습니다.

한 달간 목표를 세우고 각자의 삶을 충실히 살아가는 것이 당연한 모임. 몇 달간의 시행착오를 통해 나의 일에 최선을 다하고 나를 성장시키기 위한 책을 읽고, 강의를 듣고, 글을 쓰고, 모임을 운영하며 충실히 한 달을 알차게 보낼 수 있게 되자, 저도 모임에서 무엇인가 해보고 싶은 생각이 들었습니다.

7월 모임 날, 여느 날처럼 모임시간보다 일찍 도착한 저는 모임 장소 근처 카페에서 잠시 책을 읽고 가야겠다는 생각으로 카페

문을 열었습니다. 그 순간, 그곳에 이미 와 있는 멤버 여덟 명. '앗, 내가 오면 안 되는 거였나? 이야기 들은 게 없는데 이건 뭐지?' 당황스러워 나도 모르게 쭈뼛거렸습니다. 이 어색함을 어쩌나… (나만 어색했을 수도 있지만), 시간 맞춰 올 것을… 하는 생각이 막 스쳐갈 무렵, 단체 사진을 부탁하는 순간님. 어색함을 떨치고 싶은 마음에 더 열심히 움직이며 단체 사진도 찍어드리고, 회의하는 순간의 느낌을 담아 여러 장의 사진을 더 찍고, 동영상도 촬영했습니다.

알고 보니 그날은 책 출간을 위한 미팅 자리였습니다. 여덟 명의 저자가 따로 만날 시간이 없어서 모임 전 일찍 모여 이야기를 나눈 것이었죠. 저는 이 프로젝트에 속해 있지 않았기 때문에 내용을 모르고 있었죠. '출간 프로젝트' 멤버들이 회의를 할 동안 저는 옆에서 영상과 사진을 이용해서 핸드폰으로 쓱쓱 편집해서 '1년 살기' 모임 시작 전에 단톡방에 공유했습니다.

별뜻없이 했던 이 행동 하나가 뜻밖에도 모임에서 '저의 자리'를 만들어주었어요. 블로그를 시작하고 강의도 듣고 유튜브에 도전하고 싶었던 저는 사진과 영상을 많이 찍고 간단한 편집도 연습삼아 해보던 중이었어요. 자발적으로 했던 그날의 영상편집 덕분에 책 출간을 위한 사진과 영상편집을 함께하게 되었어요. 무엇인가를 재고 따지면서 한 행동이 아니었는데, 영상이 있으면 좋겠다는 마음으로 했던 일이 전문가도 아닌 제가 그들을 돕고 모임에서의 역할을 찾게 된 계기가 되었습니다. 멤버들을 위해 1차로 온라인 강의 툴을 이용해서 동영상 편집에 대해 알려주고, 2차로 오프라인으로 만나 멤버 각자가 영상을 편집할 수 있도록 알려주었습니다. 책 출판 펀딩을 위한 작가들의 이야기를 영상으로 찍고 편집하면서 그후 매 모임마다 사진과 영상을 열심히 찍고, 모임의 순간을 기록하게 되었답니다. 그렇게 역할이 생기고 내가 할 수 있는 일이 있다고 생각되자 모임에 더 애정이 생기기 시작했습니다.

모임 내에서 어떤 것이든, 내가 할 수 있는 일을 찾는다면 더 책임감 있게 모임활동에 정착할 수 있게 되는 것 같습니다. 처음에는 참여 자체의 즐거움으로 시작할 수도 있지만 멈추지 않고 오래 지속하려면 모임에서의 나의 역할이 중요합니다. 처음에 무엇을 해야 할지 모르겠다면 관찰을 해보세요. 그리고 모임이 익숙해지면 꼭 자기의 역할을 찾아보세요. 모임에 참여하는 즐거움과 모임을 멈추지 않을 이유가 되어줄 거예요.

세상과 나를
연결하는 이야기

모임에 들어가기 전부터 저는 엄마들의 독서모임 '맘힐링'을 운영했습니다.

모임을 운영하는 것은 쉽지 않은 일입니다. 여러 사람이 함께 하는 모임에는 크고 작은 트러블들이 있기 마련이지요.

새로운 지역으로 이사한 후 친구 한 명 없던 곳에서 책을 좋아하는 마음 하나로 모임을 만들었습니다. 아이에게만 책 읽히려 애쓰지 말고 먼저 엄마들이 책을 읽고 생각을 키우자는 목표를 가지고 운영하게 되었어요. 5명의 친구들과 1년 넘게 진행해오고 있는 모임에서 저는 또 다른 성장을 할 수 있었습니다.

처음에는 멋모르고 호기롭게 시작했지만, 시간이 갈수록 모임 유지를 위한 새로운 자극들이 필요했고, 멤버들의 성장을 위해 저의 시간과 마음을 쏟아야 하는 순간들이 늘어났습니다. 리더라는 자리의 무게감과 모임운영에 대한 부담감으로 힘이 들었습니다. 2년 정도 모임을 운영해보니 1년 살기 모임을 4년간 리더로서 자리를 지킨 퀸스님이 대단해 보였습니다. 묵묵히 모임을 위해 밀고 끄는 역할을 해주었다는 것도 제가 직접 해보니 그 무게가 더 크게 와 닿았습니다.

리더로서 퀸스님은 저에게 많은 영향을 주었습니다. 작은 제안도 소홀히 여기지 않고 열린 마음으로 들어주고, 좋은 방향으로 나아가도록 해결방안을 모색하는 모습. 모임과 참여자를 위해 함께 고민하고 기뻐하는 마음을 갖는 것. 그리고 멤버들 각자의 재능을 알아채고 적절한 타이밍에 세워주는 것 등 문제 상황에 대한 해결방법, 리더로서의 소양에 대해 다시 생각해볼 수 있도록 해주었습니다.

저도 '맘힐링' 멤버들을 세워주고 성장하도록 돕고 싶었습니다. 맘힐링의 멤버는 대부분 전업주부입니다. 모임 초기에는 아이들을 돌봐야 하기 때문에 아직은 아무것도 시작할 수 없다고 말했어요. 시간도 아이들이 없는 시간으로, 평일 오전에 만났습니다. (아이회원도 2명 있었어요. 3,4세) 함께 모여 책을 읽고 삶에 대해 생각하고 고민하면서 꽉 막힌 제 생각의 틀이 깨지기 시작했습니다. 멤버들은 처음엔 책 읽는 것도 부담스러워 했지만, 시간이 갈수록 모두 책을 읽으며 변화하고 싶다는 마음으로 바뀝니다. 서로의 성장을 응원하고 도왔습니다. "아이를 키우는 엄마라서 안 돼" 라는 틀을 깨고 나니, 도전을 시작하는 멤버들이 생겼습니다. 새로운 일을 갖게 된 멤버도 있고, 복직을 앞둔 멤버는 복직 후에 더 즐겁게 일할 수 있을 것 같다고 이야기합니다. 나의 태도가 바뀌기 시작하자 여러 변화들이 나타나기 시작했습니다.

우리의 변화를 남편들도 느끼게 된 것일까요? 남편들의 지지 아래 모임시간을 변경하기에 이릅니다. 금요일 저녁 10시. 보통은 밤문화를 즐기기 위해 나오는 그 시간에 책과 노트를 손에 들고 24시 스터디카페에서 만나는 우리는 스스로 너무 멋지고 대견하다고 칭찬해주었습니다. 맘힐링 멤버 모두에게 한 달에 두 번 그 시간은 너무나 소중했고, 모임 안에서 리더인 저도 멤버들도 많이 성장하게 되었습니다.
독서모임으로 스터디 모임으로 시시각각 변화하면서 서로의 성장을 위해 함께했습니다. 이제는 다른 지역으로 이사한 멤버들이 여럿 되어서 모임을 어떻게 지속할까? 생각하다 온라인 모임으로 모습을 바꾸어 진행하고 있습니다.

모임을 운영하면서 저는 삶의 소명도 발견하게 되었습니다. 삶의 변화의 시작을 응원하고 돕는 사람. 그리고 함께 동행하는 사람이 되고 싶습니다. 누군가의 성장을 돕고 변화의 순간에 함께한다는 것이 저를 행복하게 합니다.

2019년 한 해, 한 달 한 달 열심히 살면서 무엇인가를 해보고 싶은 생각이 들었습니다. '나만의 무엇'을 만들어보고 싶었습니다. 고민 끝에 도전하게 된 것은 '나만의 강의를 오픈하는 것'이었습니다. 1년 전 저였다면 '할 수 있을까?' 생각만 하다가, 생각으로 끝나버렸을지 모릅니다. 그저 꿈꾸고 말하고 행동하는 1년 살기 그녀들의 모습에 제 마음도 움직였을까요?

이제는 한 발 내딛어볼 용기가 작은 불씨처럼 제 마음에 생겨났습니다.

한창 그림책과 하브루타의 매력에 빠져 있던 저는 용기를 내어 그림책을 함께 읽고 그 안에서 인사이트를 얻는 '인사이트 충전소'라는 저만의 강의를 만들고 시작했습니다. 그저 그림책으로 마음을 나누는 것이 좋아서, 그림책을 매개로 마음의 이야기를 나누고 생각하는 것이 좋아서 시작한 강의는 저의 또 다른 시작이 되어주었습니다. 그 안에서 가치를 찾고 함께 나눌 수 있는 것에 감사합니다. 참여하신 분들이 자신의 생각의 변화, 행동의 변화, 성장을 끌어내는 시간이 되었다는 이야기를 해주셨을 때 두근거리는 마음을 진정시키기 어려웠습니다. 일을 벌이고, 시작하고, 노력하면서, 어렵지만 결국은 해내는 것. 그 작은 성공에 감사했습니다. 1년을 잘 살아내자 저의 변화에 관심도 없던 주위 사람들이 묻기 시작합니다. 뭐가 그렇게 즐겁냐고, 무엇이 그렇게 너에게 에너지를 주냐고 말입니다. 저는 말할 수 있습니다. 마음의 변화가 가장 컸다고…. 그리고 나와 동행하는 사람들이 있어서 든든하다고요.

변화와 성장이라는 목표를 향해 한 걸음씩 도전할 때, 엉엉 울고 싶은 날도 많았고 크게 웃는 날도 많았습니다. 힘들면 힘든 대로 즐거우면 즐거운 대로 저금통에 동전 하나하나 저금하듯 하루를 알차게 살고자 하는 마음을 가졌더니 결국은 꿈을 이루는 방향으로 조금씩 나아가고 있습니다. 지금은 아주 작은 성과일지도 모르지만, 저는 기대합니다. 매일 시간을 쌓아간다면 매일 수많은 성공들을 느끼며 살아갈 수 있을 거라고 말이죠.

그리고 그 성과들이 내 안에만 머무르지 않고 차고 넘쳐서 필요한 이들에게도 전해질 것을요. 나의 변화하고 성장하는 삶이 누군가에게 마중물이 되었으면 하는 마음입니다. 변화해야한다는 생각을 갖는 것도 어렵고 막상 변화를 마음에 두었다고 해도 시작하는 것은 더욱 어렵습니다. 더 큰 용기로 시작을 했어도 마주하게 되는 벽 앞에 두렵고 힘든 것이 당연합니다. 누군가의 앞에서 먼저 경험했기에 시작하는 이들을 도울 수 있어 감사합니다.

이제 저는 작은 변화와 시도로 조금씩 세상에 연결되고 있습니다. 조급해하지 않으려 합니다. 중심에 '나' 라는 사람을 놓고 누군가가 정해준 삶의 경로가 아닌 나의 길을 갑니다.

이런 마음이 간절했기 때문일까요? 나의 마음을 그대로 담아 길을 찾는 사람이 되고 싶었습니다. 무엇을 시작하든, 무엇이 하고 싶든 그 바탕은 자기 탐색이 되어야 합니다. 나를 좀 더 잘 알아야, 내가 하고 싶은 것, 도전해보고 싶은 것들을 찾을 수가 있습니다.

저는 지금, 해야만 하는 일보다 하고 싶은 일을 찾아 흩뿌려져 있는 나라는 사람의 퍼즐조각 한 조각씩을 찾아 커다란 퍼즐

판을 완성해가는 중입니다. 그 과정에서 보물찾기를 하듯 숨겨져 있는 나를 설명하는 조각들을 찾기 위해 이것저것 배워나가고 있습니다. 책을 통해서 사람을 통해서 알아가는 나의 모습들… 퍼즐이 맞춰지는데 꼬박 1년이 걸렸습니다. 그 1년간 내가 남긴 발자국들은 내가 무엇을 해왔는지 그때 무슨 생각들을 하고 있었는지를 알게 해주었습니다.

MBTI 검사와 강점코칭은 나에 관한 흩뿌려진 조각들을 이해하며 하나로 합치도록 도와주었습니다. 선호성향, 내가 가지고 있는 강점들을 이해하도록 하는 코칭을 받으면서, 내가 어떤 사람인지, 그간의 나의 발자국과 매칭하며 이해하는 시간이 되었습니다. 나는 생각을 깊게 하면서 나를 성찰하는 시간들을 좋아했는데, 나의 퍼즐이 맞춰지며, 나와 같이 인생의 전환점을 맞이한 이들이 덜 헤맸으면 하는 마음을 갖게 되었습니다. 나를 알아가고 이해하는 압축적인 형태의 과정이 있었으면 내가 이렇게 힘들지 않았을 텐데… 라는 생각을 하게 되었어요. 그때부터 저는 내가 무엇인가를 도울 수 있는 사람이 될 수 있다는 생각에 두근거리기 시작했습니다.

함께하고 싶은 프로젝트를 기획하고 수정해가면서 프로젝트를 시작하게 되었습니다. 나를 알아가는 기록 '레드북'이라는 이름으로 말입니다. 매일 나를 깨우고 성찰하는 작업이 주는 힘이 크다는 것을 알려주고, 나를 좀 더 깊이 이해하고자 하는 이들과 프로젝트를 시작했습니다.

온전히 나에게 집중하는 시간을 우리는 얼마나 가져보았을까요? 어쩌면 흔하게 느껴지는 질문 "당신은 무엇을 좋아하나요?"에 편안하게 대답할 수 없을 만큼 자신과의 대화를 해본 적이 없을 수도 있습니다. 레드북을 함께하는 분들은 이제 막 '나'라는 존재에 집중하고자 하는 마음이 생긴 분들입니다.

저는 이제 나에 대해 집중하도록 길을 열어주고, 함께 기록해가는 과정을 통해, 다시 시작하는 사람들을 돕는 이가 되었습니다.

딱 1년 전, "무엇을 하고 싶어요?" 라는 질문에 확신 없이 적었던 '다시 시작하는 사람들의 긍정 멘토'의 길을 시작하게 되었습니다.

나에 대한 퍼즐 조각을 맞추는 과정에서 얻은 경험으로 시작을 두려워하던 사람에서 시작을 돕는 사람으로의 변화. 이 시간이 그저 감사합니다.

나를 찾는 여정

- 내가 무얼 좋아하지?
- 내가 가장 행복했던 때는?
- 나는 나의 주인으로 살고 있는가?

나의 생각을 정리 …… 나를 이해
운동으로 몸을 단련 …… 마음도 단련
하루를 잘 살도록 일정한 루틴으로 생활
작은 목표를 이루는 성취하는 삶

**"마음 생각 사람을 잇는 사람"의 가치로
새로운 일 잇다 (ITDA) 시작**

PROJECT

나를 알아가는 그림책	나를 알아가는 기록	나를 잇는 글쓰기
〈인사이트 충전소〉	〈레드북〉	〈蓮연〉

있는 그대로의
나로 살아갈 것

변화를 꿈꾸며 나의 시간과 공간과 사람들을 바꾸었습니다. 나의 시간을 소중히 여기게 되었고, 시간과 공간의 제약을 뛰어넘어 나를 변화시키고 성장하려는 사람들 안으로 들어갔습니다.

나의 변화를 나의 행동을 이해받지 못하던 무리에서 저는 이상한 사람이었습니다. 매일 무엇인가를 배우려 했고, 변해야 한다는 생각으로 가득찬 나를 그들은 이해하지 못했어요. 언젠가부터 시댁, 아이들, 학원, 남편의 이야기들이 가득찬 시간이 저는 불편해졌습니다. 혼자 책을 읽고, 블로그에 글을 쓰고, 궁금한 것이 있으면 강의를 듣고, 그 안에서 만난 이들과 생산적인 이야기들을 나누는 것이 더 편안했습니다.

제가 이상한 줄 알았습니다. 그리고 그 무리에서 떨어져 나오면 큰 문제가 생길까 걱정하던 시기도 있었습니다. 하지만 새로운 곳에서 만나는 사람들은 하나같이 변화와 성장을 꿈꾸었고, 저는 더 이상 이상한 사람이 아닌 지극히 정상적인 사람이 되었습니다.

서로 변화를 결심한 이야기를 내어놓고 공감하며 성장을 지지하는 사람들 사이에서는 성장할 수밖에 없겠지요? 시작 지점에 만난 '1년 살기' 모임은 제게 너무나 소중한 인연입니다.

모임 참여 2년차 저는 또다시 꿈을 꿉니다. 그리고 무엇을 할까 생각합니다. 저절로 미소가 지어집니다. 이제는 말하는 대로 이루어질 것을 믿으니까요.

이제는 타인의 삶의 모습과 비교하며 나의 행복을 저울질하지 않습니다. 있는 그대로 나의 모습을 인정하고 성장하려 애쓰는 저를 스스로 응원하게 되었습니다. 타인이 원하는 모습으로 살아가는 길을 선택하기 보다는 있는 그대로의 나를 인정하고 살아가는 길을 찾아가고 있습니다.

먼 훗날, 나는 한숨을 쉬며
이 이야기를 하게 되리라.

숲속에 두 갈래의 길이 있었고

나는 다른 사람들이 덜 다닌 길을 택했노라고

그리고 그것이 내 인생을 바꾸어 놓았노라고

－로버트 프로스트, 가지 않은 길 중에서

덜 다닌 길을 선택한다는 것, 다르게 살아간다는 것은 어쩌면 외로운 길이 될 수도 있습니다. 어쩌면 이런 이유 때문에 모임을 찾고, 함께할 이들을 찾았는지도 모릅니다.
혼자는 어려운 길이지만, 함께라면 가능한 일들이 많거든요.

혹시 이전과 다른 삶을 꿈꾸시나요? 내가 사라져버린 것 같은 느낌에 공허함과 헛헛함으로 우울한 감정이 가득하신가요? 변화에 대한 마음이 조금이라도 생기셨다면, 살짝 고개를 들어서 찾아보세요. 내가 무엇을 원하는지, 어떻게 살고 싶은지를요. 그리고 함께 고민하고 성장할 수 있는 사람들과 함께해보세요. 나와 비슷한 꿈을 꾸는 사람들이 분명 있을 거예요.
용기를 내어 찾아보세요. 그리고 딱 한 번만 용기를 내어 그곳에 가보세요. 내가 선택한 다른 그 길이 나의 인생을 바꾸어놓을 수 있을 테니까요.

PART 6

그곳에는
독자와 저자가
함께 있었다

● 송편 (송현옥)

신문사와 잡지사에서 글을 썼고, 지금은 출판사(더블엔)에서 책을 만들고 있습니다.

국문학이 아닌 통계학을 전공했습니다. 다행히도 통계학은 경제경영서를 만드는 데 아주 쓸모 있었습니다.

마흔에 결혼하여 마흔둘에 엄마가 되었고, 책을 만들며 살아가는 하루하루가 행복합니다. 그 행복을 많은 분들과 나누기 위해 내가 할 수 있는 일이 있어 오늘도 감사합니다.

출판경력 20년, 테니스 구력 20년입니다. 앞으로 20년 더 할 예정입니다. 송현옥 편집장을 줄여서 '송편'입니다.

블로그 blog.naver.com/double_en

인스타그램 @double_en_official

책 쓰는 편집장

저는 작은 출판사의 편집장입니다.

몇 년 전부터 '내책'을 써야지 하면서 쓰다 좌절하고 쓰다 쉬기를 여러 차례, 결국 데스크탑과 노트북 여기저기에 폴더만 잔뜩 만들어놓고 글은 뒤죽박죽 섞여서 멈춰 있는 상태입니다.

이렇게 제 첫 책을 공저로 내게 될 줄 몰랐습니다. 공저자의 구성원으로 글을 써나가며 저는 리더의 힘과 역할에 대해 알게 되었습니다. 여러 명의 저자와 소통하는 것도 힘들고 원고 흐름 및 글의 톤도 각양각색이라 저는 공저를 선호하지 않는 편집자입니다. 지난해 8인 공저의 책을 편집하며 리더가 진행을 잘해주셔서 수월하고 재밌게 일을 했는데요. 이번에 편집자가 아니라 작가팀의 일원으로 일을 해보니, 의외로 힘들면서도

'끌려가는 즐거움'이 있다는 걸 알게 되었습니다. 그렇습니다. 저는 지난해 알게 된 '1년 살기' 에 들어와 책쓰기 프로젝트를 함께 시작했습니다.

책 출간을 위한 글을 쓰며, 감이 안 잡혀 썼다 지웠다를 얼마나 반복하는지 모릅니다. 편집자로서 그동안 무수히 했던 "작가님, 일단 쓰세요. 구성하고 꾸미고 다듬는 건 제가 멋지게 할 테니 일단 작가님이 쓰실 수 있는, 그리고 쓰시고 싶은 걸 쭉 쓰세요" 이런 말들이 무색하게 말입니다.

연결의 힘으로 '내 인생에 다시없을 1년 살기' 를 알게 되었습니다. 멋진 여자들의 성장을 위한 비전 모임인 이곳에서 낯설지만 뭔가 내면이 충만해지는 경험을 한 달에 한 번씩 하고 있습니다. 에너지가 사그라질 때쯤 되면 다음 모임에서 새로운 동력을 얻어오고 또 조금 시들해질 때면 한 달의 에너지를 충전하고 돌아옵니다. 그렇게 개인적으로 또 출판사 편집장으로 힘을 얻고 성장하고 있습니다.

저는, 출판사 편집장의 눈으로 바라본 이 근사한 모임 '1년 살기'와 1년지기가 되어 느낀 '1년 살기' 그리고 독자이자 저자들로 이루어진 '1년 살기'에 관한 이야기를 풀어볼까 합니다.

절박함이 이끌어준
멋진 연결의 힘

저는 작은 출판사 편집장이자 대표입니다.

대표 직함은 어색하고 편집장으로 불리는 걸 좋아합니다. 재밌게 '송편'이라 불러주시면 기분도 좋습니다. 직원 없는 1인 출판사를 운영하며, 저는 원고를 다듬고 읽기 좋게 교정을 봅니다. 기획안을 써서 저자 발굴도 하고 글을 쓰게 만드는 작업도 합니다. 출판사가 1인 기업으로 운영될 수 있는 건 회계경리 업무의 전산화와 디자인, 영업의 외주화 덕분입니다.

아직도 출판사라 하면 "인쇄기계를 갖고 있냐"며 부자라고 생각하는 분들이 계시는데, 출판은 제조업이지만 책의 형태를 갖추는 데 필요한 기술적인 부분을 다 인쇄소와 제본소에 위탁해서 제작을 하는 제조업이랍니다.

마흔에 결혼을 하고 마흔둘에 아이를 낳고 마흔셋에 본격적으로 출판사 더블:엔을 시작했습니다. 콘텐츠만 좋으면 책은 알아서 팔릴 거란 생각으로 겁도 없이 시작을 했습니다.

DOUBLE:EN은 에너지와 엔조이먼트의 EN 2개를 뜻합니다. 열정(성장)과 즐거움(재미)을 담은 책을 만들겠다는 의욕이 넘쳤고, 사무실은 우리집 작은방 홈오피스, 사업자금은 아버지론(Loan)으로 2천만원을 꾸어다 쟁여놓았습니다. 권당 700만원씩 (내 인건비는 빼고 허리띠 졸라서) 제작을 해보리라 계획을 세웠습니다. 출발선에 선 마음가짐도 든든했습니다.

더블엔 첫 책은 여행서였습니다. 경제경영서를 10년 넘게 만들어오던 편집자가 첫 책을 뜬금없이 여행서로 선택했습니다. 글 잘 쓰는 작가의 '터키여행서'를 내고 싶었습니다. 결혼 전에 터키여행을 가며 의외로 맘에 드는 여행서가 없어서 내가 출판사를 하면 첫 책은 꼭 터키여행 에세이를 내야겠다 했는데, 실천할 때가 됐습니다. 유럽여행자들의 네이버카페 '유랑'을 들락거리다 발견한 그녀. 게임회사에서 근무한다는, 역사학 전공자인 그녀는 글을 참 잘 썼습니다. 제가 가장 좋아하는 '재미있는 글'에, 해박한 역사지식, 아는 사람에게만 보일 것 같은 어렵지 않으면서도 유익한 박물관 정보 등이 무척 맘에 들었습니다. 앞뒤 주말 껴서 직장인이 '8박 10일로 다녀올 수 있는 터키 자유여행'을 컨셉으로, 블로그의 기존 글 세 꼭지를 기본으로, 앞으로 글을 계속 써보라고 이쁜 책 만들겠다고 서로 약속했습니다. 임신 막달에 부른 배를 손으로 받치고 나가 강남의 한 카페에서 계약서 도장을 찍었는데, 그녀는 원고를 보내오지 않았고, 급기야 제 연락을 피하고 잠수를 탔습니다. 왜 그랬나요? 여옥씨... 지금도 궁금합니다. 어쨌든, 더블엔 역사상 작가님이 잠수를 타고 연락이 끊긴 일은 이 분으로 전무후무합니다.

방앗간을 그냥 지나치지 못하는 참새마냥 저는 다시 유랑 카페를 들락거리다 한 청년의 글과 사진에 반해 또 책 내자고 연락을 합니다. 이번엔 대구에 내려갔습니다. 이때는 아이를 낳고 나서군요. 선천적으로 글을 잘 쓰는 친구가 있구나 싶었습니다. 글쓰기 공부를 하고 안 하고의 문제가 아닌, 기본적으로 유머코드가 장착된 글을 구사하는 청년이었습니다. 말 그대로 기발하고 모든 생각과 표현이 빵빵 터졌습니다. 별 일이 없는 상황도 두 페이지는 거뜬히 풀어내는 글솜씨에 저는 빌 브라이슨이 생각났습니다. 소설가 김영하가 자신의 책에서 '글 쓰고 있는 내 옆에서 아내가 낄낄거리며 읽고 있는 책'이라고 언급했던 책이 빌 브라이슨의 《나를 부르는 숲》이었는데, 기회되면 꼭 한 번 읽어보시길 추천 드립니다.

형네 부부가 계획한 자전거 유럽여행에 꼽사리로 끼기로 하고 회사도 그만두고 동행한 이 동생은 다녀와서 《어떻게든 굴러가는 88일간의 자전거 유럽여행》이라는 책을 출간하고, 그 책을 편집한 편집자는 뒷표지에 '한국의 빌 브라이슨이 달린다'는 어마어마한 카피를 넣었습니다.

이 책이 더블엔의 첫 책입니다. 재미있는 글을 근사한 디자인에 담은 책을 만들겠다고만 생각했지, 분량을 미처 고려하지 못해 고생을 많이 했습니다. 88일간의 기록은 굉장히 꼼꼼했는데, 글은 재미있어서 잘라내지 못하고, 사진은 멋있어서 빼내지 못하고, 편집자는 '편집'하는 재능에 대해 심각하게 고민했습니다. 그래도 600페이지를 넘으면 안 된다 싶어서 560쪽에 꾸역꾸역 맞추었습니다. 디자인비, 종이, 인쇄, 제본비 등 제작비가 어마어마했습니다. 다행히도 출판 전에 한국출판문화산업진흥원에서 주관하는 도서지원사업에 선정이 되어서 제작비 500만원을 지원받았으니, 출발이 순탄했습니다.

그후로 몇 해 동안 좋은 책으로 도서목록을 차곡차곡 채우기 위해 1년에 9~10종을 출간했습니다. 여성을 위한 자기계발, 독서습관, 컬러링북, 화술 등 다양한 분야의 책을 만들었어요. 형네 부부와 여행 다녀와 책을 낸 그 '대구 청년'은 몇 년 후 어머니 모시고 터키여행을 다녀와, 그렇게 꿈이었던 송편의 '터키여행서' 출간의 꿈을 이루어줍니다. 글과 사진이 정말 끝내줍니다. 그러나, 터키에 문제가 생기고 여행이 자제되는 등 출판시장이 아주 안 좋은 시기였을 때라 책은 거의 빛을 보지 못하고 말았습니다.

책 만드는 작업은 무척 재미있습니다. 한 권 한 권이 새로운 작업이고 매번 로또를 기대하며 만듭니다. 우여곡절도 많고 만든 책 하나하나에 담긴 스토리도 가득하지만, 어느덧 업무속도에 제동이 걸렸고 줄어가는 주문량에 저는 지쳐가고 있었습니다.

시작 초기만 해도 아이가 먼저고 틈틈이 일하는 것이니 프리랜서 편집자 때보다 조금만 더 벌면 된다는 생각에 욕심도 없었습니다. 출판사 일에 전력을 다하지 못해도 핑계가 충분했습니다. 하지만 6년차가 지난 어느 날, 고만고만한 매출도 아닌 마이너스 경영을 몇 년 경험하며, 욕심이 너무 없었구나, 나 뭐하고 있니, 자책이 시작되었습니다.

이런저런 부침이야 늘 있는 거고, 책이 안 팔리기도 하고 어느 정도의 굴곡은 당연히 있는 거지만, 지난해 봄, 슬럼프에 정점을 찍었습니다. 이야, 내가 출판사 문 닫지 않고 끌고가고 있는 게 신기할 지경이구나, 싶었던 때, 그녀들, '1년 살기' 군단을 만났습니다. '연결'의 힘이라 믿습니다. 우연으로 보이는 많은 일들이 내 마음 속에 있던 자석에 주변사람들의 도움을 끌어당겨 일어나는 것을 알고 있습니다. 우리는 그렇게 만났습니다.

더블엔 책의 디자인을 거의 전담해주시는 디자이너 '올리비아' 님의 이야기를 해볼까 합니다. 그녀는 예전 직장에서 함께 일했던 동료입니다. 그녀가 슬럼프에 빠졌습니다. 일의 특성상 다른 분야보다 편집자와 북디자이너는 슬럼프에 잘 빠집니다. 특히 디자이너는 작업하는 책마다 '창의적이고 대중적이면서도 독특한, 눈에 확 띄는 예쁜 표지디자인'을 요구받으니 얼마나 스트레스가 많을지 미루어 짐작이 됩니다. 디자인을 발주하는 담당 편집자, 출판사 대표, 작가 모두의 맘에 드는 표지를 만들어내기란 정말 어려운 일입니다. 누군가는 다른 누군가를 설득해야 합니다. 그나마 저는 편집자 겸 대표이니 결재과정 하나가 생략된 게 위로라면 위로일까요.

출판계는 보통 삼십대 중반이 넘으면서 편집자와 디자이너가 많이 떠납니다. 일에 대한 자신감이 떨어지고 직장에 남을지 프리랜서로 할지에 대한 고민, 싱글일 경우 결혼에 대한 고민 등 출판계는 이른 나이에 이직을 하거나 아예 다른 업종으로 전환하는 이들이 많습니다.

어쨌든, 과도한 스트레스로 힘들어하던 올리비아님은 북디자인을 떠나 다른 분야에 도전했습니다. 처음이 아니었습니다. 저는 "또 어딜 가나요? 조금만 방황하고 돌아와요" 했습니다. 그녀는 뭔가를 배우러 많이 다녔습니다. 그러다 한 강의에서 만난 '순간'이라는 분과 맘이 잘 맞아서 연락을 주고받는데 순간님이 책 출간 프로세스에 관해 궁금해한다며 그 내용을 저에게 물어보기 시작했습니다. 순간님이 속해 있는 모임 분들과 공저로 책을 내고 싶어 한다는 거였습니다.

저는 그 분들이 궁금해서 올리비아님에게 만남의 자리를 마련해달라고 했습니다. 책이 출판되는 과정과 지금의 출판계가 어떤지를 직접 말해주고 싶었거든요. 왜 책을 내고 싶은 건지 어떤 책을 내고 싶어 하는지도 직접 듣고 싶었습니다. 그들의 모임도 궁금했습니다. 그녀들의 에너지를 전해받고 싶었습니다. 저는 '혼자' 일하는 사장이니까요.

책이 너무 안 팔리고… 어떤 책을 만들어야 할지… 어떻게 알리고 팔아야 할지… 오히려 아무것도 모르고 시작할 때는 있었던, 아니 넘치기까지 했던 그 열정과 무모함마저 사그라들고 있던 때였습니다. 절박한 시기였지요. 뭐라도 붙잡고 싶었던 시기에 저는 열정 가득한 모임의 분위기에서 에너지를 전달받고 싶었나 봅니다.

역시, 멋진 여성들이었어요. 책을 내고 싶어 하는 여덟 분 중 네 분을 만났는데, 이런 자리를 만들길 잘했구나 생각했습니다. 얼마 후 부담없이 원고에 대한 피드백을 해드리기로 하고 원고파일을 받았는데 글이 너무 감동적이었습니다. 그 8명의 작가가 공동 저술한 멋진 책은 더블엔에서 출간했습니다. 바로 《다시, 시작합니다: 내 인생 다시 한 번 찬란하게!》입니다.

아, 올리비아님은 그래서 출판계를 떠났냐구요? 아뇨, 제가 열심히 꼬드겨 다시 돌아온 그녀가 이 책의 디자인을 해주었습니다. 대신 '토퍼'라는 사이드잡(설마 토퍼가 주업이고 북디자인이 사이드잡?)과 함께 돌아왔는데, 너무 재밌다며 눈빛을 반짝이는 그녀의 열정이 부러웠습니다. 룰루토퍼, 응원합니다.

토요일 아침 9시,
강남역에서 벌어졌던 일

매월 첫째 주 토요일, 아침 9시 강남역, 한 모임공간에서 그녀들은 모였습니다.

첫 모임 참석날, 그 날은 제가 1주일에 한 번 나가지만 최대한 빠지지 않으려고 노력하는 '테니스' 모임의 엠티날이었습니다. 일찍부터 가서 하루 종일, 체력이 되는 한 밤새도록 마시며 운동하는 즐거운 날. 그 모임에는 가족 회원들이 많아서 엠티는 말 그대로 아이와 함께 온 가족이 즐길 수 있는 시간입니다.

'꼭 이번이 아니어도 다음 달에 경험해볼 수 있잖아' 생각하며 자꾸 미루려는 저를 발견했지요. 엠티는 오후에 출발하는 팀에 합류해서 가도 되는데, 몇 시간 더 테니스를 쳐보겠다고 다음 달로 미루려는 자신을 누르고, 5월의 근사한 주말 토요일 아침,

일찍 일어나 강남으로 향했습니다.

빌딩 숲 사이의 넓은 회의룸 공간, 열두 세 명이 모여 지난 한 달 어떻게 살았는지, 이번 달은 어떤 계획을 세웠는지 돌아가며 얘기를 하고 멤버 두 명이 30분씩 본인 인생 스토리를 발표하는 시간을 가졌습니다. 그 열기와 에너지에 깜짝 놀랐습니다. 어디 가서 이런 근사한 여자들의 에너지를 전해 받는단 말입니까? 저는 새로운 세상을 경험하고 돌아왔습니다.

엠티를 이유로 모임 참석을 미루지 않은 저를 스스로 많이많이 칭찬해주었습니다. 그날 테니스 엠티에 후발주자로 도착했지만, 오전의 풍만한 감성과 오후의 튼튼한 체력으로 그날 하루, 술도 덜 마시며 하루 종일 행복하게 보냈답니다.

저는 그렇게 '책을 만들기만' 할 게 아니라 '나온 책을 알려야 하는 문제'를 어떻게 풀어갈지를 고민하고 필요한 것들을 하나씩 해보기로 했습니다.

첫 모임 이후 벌써 1년 반이 지나가고 있습니다. 절박했던 출판사가 갑자기 상승곡선을 탄다거나 갑자기 떼돈을 벌고 있는 건 아니지만, 저는 조금씩 조금씩 성장하고 있습니다. 마음가짐이 달라지니 초조함이 작아졌고, 늘 뭘 해야 하는지 어떻게 해야 하는지에 집중했던 것에서 'why'에 대해서 생각해보기 시작했습니다. 책을 좋아하고 편집하는 걸 좋아하니까 나는 책을 만들고 있다, 행복하다에 멈춰 있었기에, 내가 '왜' 책을 만들고 있는지, 그 당연한 질문은 한 번도 해본 적이 없었던 겁니다. 답이 정해진 문제가 아니기에 살아가며 계속 생각하고 바꿔가고 도전하고 실천해야 할 일입니다.

저는 이 모임에 편집자로서 한 번 경험해보러 참석했다가, 금세 일원이 되었습니다. 해가 바뀌고, 우리는 신년 비전보드를 만들어 공유하며 서로 응원해주고 토닥여주고 월 계획을 세우며 힘차게 살아갑니다. 매해 첫날부터 시작되는 '1년 살기'는 아니지만 새해 첫 달이 주는 의미는 또 희망적이니까요.

이렇게 좋은 모임이 전국적으로 확산되면 좋겠다는 생각을 많이 합니다. 많은 인원을 끌어가는 대규모 모임이 아닌, 작은 모임이 전국적으로 아메바처럼 번져나가는 게 '1년 살기'의 취지와도 잘 맞습니다. 《왜 일하는가》의 저자로도 유명한 교세라 그룹 이나모리 가즈오 회장의 경영방식인 '아메바'처럼 우리도 조만간 개인이 아메바로 조직을 꾸려 1년 살기 모임을 널리널리 전파하게 될 날이 올 것 같습니다.

내 인생을 영화로 만든다면, 첫 장면은?

저는 사람들을 좋아합니다.

어릴 땐 친구 사귀기가 취미라고 했을 만큼 사람을 좋아하고 친화력도 뛰어났습니다. 언제부터였을까, 혼자 있는 시간이 좋아지고 혼자 잘 놀아야겠다 싶은 욕구가 강해졌습니다. 1인 출판을 하며 많은 일들을 전화와 이메일과 톡으로 진행하고, 사람들과 어울릴 시간은 점점 더 줄어들게 되었어요. 그게 편하기까지 했습니다.

그러다 한 번씩 세상 밖으로 나와서 사람들 속에 섞이는 날이면 '그래, 이렇게 사람들도 만나고 해야지, 너무 텍스트에만 묻혀 살고 있었구나' 생각했습니다.

본격적으로 사람들 속으로 스며들기 시작하게 된 어느 날.

지난해 5월에 '1년 살기' 첫 모임에 참석해서 두 분의 인생 스토리를 들었습니다. 한 달에 한 번 모임에서 두 분씩 준비를 해서 풀어내시는데 감동의 도가니 그 자체였습니다. '멋지다'는 한마디로 다 담아낼 수 없는 얘기들. 모든 건 '사람'의 일이고, 사람 사는 이야기가 가장 감동적이란 걸 또 한 번 깨달았습니다.

올해 2월에는 제 이야기를 할 시간이 주어졌습니다. 준비하면서 괜히 한다고 했구나, 여러 차례 후회를 했습니다. 남 앞에서 발표하거나 이야기하는 걸 심하게 못하기에 그동안에도 그럴 기회가 있으면 잘 피해왔던 저입니다. 저는 학창시절 피구시합에서도 자주 끝까지 살아남는 아이였어요. 공이 무서우니 너무 잘 피해 다니다 끝에 마지막으로 센 볼 한 방 맞고 쓰러지는….
한글프로그램이 익숙하니 한글로 어찌저찌 큰 주제만 적어서 pdf 변환을 해 발표자료를 만들었습니다. 인생스토리, 줄이고 줄였는데 22p나 됐어요! 할 말이 이리 많았을까. 결국, 저는 주어진 시간 30분을 훌쩍 넘겨 40분 넘게 발표를 합니다. 뒷 타임에 유명강사이신 '행님'의 발표시간을 축내고 말았네요. 그 22장의 자료 중 가장 반응이 좋았던 게 바로 "내 인생을 영화로 만든다면, 첫 장면은?"이었습니다. 많은 분들이 카페에 모임후기를 올리시는데, 그 장면 사진을 거의 다 올리셨더라구요. 근데 막상 발표할 때 저는 '중학교 시절이 좋았다'만 말하고 다음 자료로 넘어갔습니다.

그래서 그렇게 길게 발표를 하고도 '못다 한 이야기'를 적어보려 합니다.

원고를 책으로 만들어가면서 편집자는 '첫 독자'가 되는 특혜가 있지만 책 만드는 과정은 힘들기도 하고 복잡합니다. 일이 힘든 건 둘째 치고 이런저런 인간관계에 치이고 감정이 상하거나 상하게 하는 경우가 자주 있고 "이 나이에 이 경력에 아직도 이런 걸로 고민하고 힘들어 하다니" 하는 자책도 하고 뭐 그렇습니다. 꼭 그래서 그런 건 아니지만 남이 만든 재밌는 책을 자주 읽습니다. 아주 편하게 말이죠.

얼마 전, 김하나 작가의 책에서 "내 인생을 영화로 만든다면, 첫 장면을 뭘로 할까?" 라는 근사한 대목을 만났습니다. 바로 내 인생에 적용해보았습니다. 이런 멋진 질문이라니, 두근두근 나는 어떤 장면을 첫 씬으로 해볼까?

좋았던 순간들이 많았지만, 저는 많이 행복했던 '중학교 학창

시절'을 꼽아봅니다. 3년 중 언제로 하지? 는 난제입니다. 다 좋았으니까요.

저는 장녀라는 이유로 아버지의 높은 자식학구열 덕분에 만 5세에 국민학교(현재는 초등학교)에 입학을 합니다. 그러나 수업을 못 따라가서 나머지공부도 꽤 오랫동안 했어요. 그 성과가 늦게 나타난 걸까요? 5학년 때부터 공부머리가 트이기 시작, 공부에 재미가 붙었습니다. 그때는 중학교 들어가서 ABC를 배웠던 터라, 새로운 과목, 영어에 걱정이 많았던 저는 중학교 입학 전후에 열심히 공부를 했는데, 첫 시험에 글쎄 반에서 2등을 합니다. 전교 15등. 엄마의 기억 속 제 중학교 때 모습은 전날 시험공부를 다 못하고 자면 새벽에 일어나서 공부를 했다고 해요. 고등학교 때도 그렇게는 공부 안 했는데 말입니다.

제가 들어간 중학교는 우리가 1회 신입생인 신설여중으로, 아이들은 부푼 기대감에 선생님들은 굉장한 의욕에 차 계셨더랬죠. 학교에서는 학생들의 경쟁심을 유발해 공부 잘하는 아이들로 만들겠다는 목표 아래 시험이 끝나면 교무실 옆 벽면에 전교 150등까지 붙여놓았는데, 이게 저에게는 아주 효과적으로 먹혔습니다. 상위권에 들고 싶다는 욕구에 불이 붙었습니다.

9반까지의 교실과 교무실, 단촐한 1층짜리 학교건물은 아담했고, 체육시간이면 선생님은 나무 심으시고 우리는 걸어다니며 운동장을 다지는 정겨운 나날이 이어졌습니다. 공부하다 모르는 게 있으면 쪼르르 교무실에 가서 묻곤 하는 저를 선생님들은 많이 귀여워해주셨습니다.

첫 시험, 반에서 2등을 하고 많은 변화가 생겼습니다. 자신감 상승은 물론, 주위에 몰려드는 친구들이 달라졌고, 저는 아버지가 학교 이사장님(인지 육성회장님이었는지 가물가물)인 반 친구의 생일날 초대를 받았습니다. 그런데 이상하게도 그 친구의 집도 그 친구도 부럽지 않았습니다. 단지, 내가 공부를 잘한다는 이유로 이렇게 초대받는 멤버에 꼈구나, 하는 어떤 보이지 않는 힘을 어린 나이에 느꼈다는 게 맞습니다. 어찌보면 이너써클에 초대받았지만, 한 번 경험해본 것으로 충분했습니다. 그후론 그 친구와 어울리지 않았습니다. 성향도 안 맞았고 좀 어색한 친구였거든요. 그 일로 내가 뭔가를 잘하면 주변의 평가가 달라지고, 내 주변에 모이는 사람들이 달라지는구나, 를 알게 되었습니다.

짧은 시간에 굉장히 다양한 경험을 하며 저는 두 번째 시험에서 21등을 합니다. 전교 아니고 반에서. 교무실 옆 벽보 150등 안에는 들지도 못했습니다.

충격적인 사건이었습니다. 담임선생님께 불려가서 '집에 무슨 일 있느냐' 걱정을 한가득 들었지만 이유는 단순했습니다. 공부 안 하고 마음 놓고 너무 신나게 놀았을 뿐.

나는 또 나에 대해 알게 됩니다. 나는 천재가 아니라 노력형이구나, 하는 걸.

어쨌든, 다시 정신 차리고 저는 열심히 공부하고 선생님들의 이쁨을 받으며 중학교 생활을 합니다. 친구들과 서로 앙케이트 조사한다며 노트 돌리며 편지도 주고받고, 정말 낙엽 굴러가는 것만 봐도 깔깔거리며 많이 웃었던 시절입니다. 서울 살던 사촌언니가 우리집에 와서 잠시 같이 살았는데 그 덕에 라디오를 듣기 시작하면서 정확히 중2에 저의 사춘기가 시작되었습니다. 엄마아빠에게 어찌나 반항을 많이 했는지, 그때의 일들과 감정들이 다 기억이 납니다. 내 아이의 사춘기는 훨씬 일찍 오겠죠. 아이의 사춘기를 맞이했을 때, 물론 나와는 다른 형태로 반항을 하고 엄마에게 상처를 주겠지만, 옛날 그때 나의 마음과 나의 성향에 대한 믿음이 기억 속에 잘 살아 있기 때문에 저는 잘 헤쳐나갈 수 있을 것 같습니다.

영화 오프닝 씬 얘기와 제 중학교 얘기를 길게 써내려간 이유는, 제가 중학교 생활이 정말 즐거웠던 것처럼 제 아이 세대들도 학교생활을 정말 재밌게 했으면 좋겠어서, 일어나면 학교가 가고 싶고 방학이 되면 친구들 못 만나는 게 아쉬워서 슬플 지경이었던 그렇게 즐거운 학교생활을 할 수 있게 만들어주고 싶은 마음이 가득해서입니다. 코로나 바이러스 확산으로 인해 학교 문화, 노는 문화, 관계 맺는 방식이 아주 달라지고 있지만, 그래도 아이가 친구들과 잘 지내고, 자기 중심을 잘 잡고 자신을 소중하게 여길 줄 알면서, 문제가 하나씩 생기더라도 잘 풀어갈 수 있는 지혜로운 아이로 커나가길 바라는 마음입니다.

국민학교 때는 어느 정도 부모의 재력과 관심에 따라 공부능력도 발휘되던 시기인지라 주목받지 못하는 아이였지만, 중학교 때는 내가 노력하는 만큼 빛이 날 수 있어 좋았고, (고등학교 때 다시 가라앉긴 했지만) 그래서 저의 중학교 시절 친구들과의 추억, 학교에 대한 향수는 제가 행복한 어른의 삶을 살아가는데 든든한 디딤돌이기도 합니다.
그래서 더욱 저는 제 인생의 영화 첫 장면은 '중학교 학창시절'로 하고 싶은지도 모르겠습니다.

멋진 선생님,
샘정님의 열정을 흡수하여
저도 매일 더 멋있을 예정입니다

중학교 선생님! 과학 선생님 샘정 쌤 이야기를 안 할 수 없습니다. 저는 이 분을 무아님 덕분에 알게 되었습니다.

우리 디자이너 올리비아님 덕분에 순간님과 연결되고, 1년 살기와 연결되고, 무아님과 연결되고, 그리고 샘정님을 만나게 됩니다. 인연의 끈으로 이어진 샘정님의 책《말랑말랑학교: 세상 어디에도 있는 인생성형학교》를 두 번 읽으며 홀딱 반했고, 직접 만나뵙고는 이분은 진정 '국민담임'이셔야 한다는 생각이 확고해졌습니다. 샘정 쌤 수업받는 아이들은 정말 선택받았구나, 부러웠습니다. 아마 그 아이들이 자라 나중에 "내 인생을 영화로 만든다면, 첫 장면을 뭘로 할까?" 라는 질문을 받으면 샘정 쌤과의 추억 씬을 꼽지 않을까 싶습니다.

처음 블로그에서 눈팅만 했을 때는 '좀 특별한 선생님이시구나' 하고 말았는데, 책을 읽고 직접 만나뵈니 너무 멋있고 재미있고 예쁜 선생님이셨습니다.

원래 '1년 살기'에서는 석 달에 한 번씩 강사님을 모시고 좋은 강의를 들었는데, 태풍에 바이러스에 연기되고 취소되는 등 한동안 강의를 듣지 못했습니다. 우여곡절 끝에 지난 7월, 샘정님을 모셨습니다. 강남의 모임공간이 폐업하는 바람에 서울역 근처의 새로운 장소에서 첫 모임을 하는 날이었고, 리더는 무아님이었습니다. 어찌나 정성스레 기획하고 예쁘게 준비했는지 감동이 채 가시기도 전에, 새벽 기차를 타고 대구에서 올라오신 샘정님의 강의를 들으며 웃다가 눈물 훔치다가 시간이 어떻게 지난 지 모르게 따스한 시간을 보냈습니다.

쌤은 무척 더우셨을 텐데 한참을 보라색 손뜨개 마스크를 쓰고 강의를 해주셨어요. 마스크에 붙인 꽃 세 송이에 대한 사연이 뭉클했습니다. '예쁜 말 해라' '꽃처럼 말해라'는 의미로 온라인 강의하며 학생들에게 보여주려고 쓰셨다는 세상에 하나밖에 없는 마스크, 왕관도 의외로(기대보다 정말 상상 이상으로) 잘 어울리셨고, 블로그나 책에서 본 모습보다 실물이 더 예뻤습니다. 코에 점도 매력적!!! 쌤! 사진빨 좀 덜 받으십니다!

강의 들으며 눈물 닦느라 바빴습니다. 우리엄마 생각, 어린 아들 생각 (남편 생각할 땐 눈물 하나도 안 나는데) 쌤정님 이야기에 감정이입되어 웃고 울기를 세 시간. 선생님의 인생철학은 금세 제 롤모델이 되었습니다. '국민담임' '오드리될뻔' '운빨요정' '착한재벌' 모두 다 선생님께 어울리는 닉네임입니다.

그날 쌤은 새벽에는 신간 《꿈틀꿈틀, 오늘도 자유형으로 살아갑니다》 마무리 작업으로 출판사 미팅, 오전과 점심시간에는 우리 모임 강의, 또 저녁에 다른 일을 보시고 내려가신다고 했습니다. 책에 근사하게 사인하려고 캘리공부를 하셨는데 그걸 모아 멋진 책을 내셨습니다. 끊임없이 배우고 도전하시는 그 열정에 또 반했습니다. 기회를 주신다면 선생님의 다음 책은 더블엔이 욕심내 보겠습니다!

쌤의 좋은 에너지가 내 안으로 흡수되는 느낌이 충만하여 좋았고, 선생님의 모든 것이 매력적이었습니다. 아이들을 사랑하는 마음, 세상에 좋은 것들이 하나라도 더 채워지기를 바라며 실천하시는 모습들이 너무 멋있는 분입니다. '매일 조금씩 더 멋있어지기'를 실천하고 계시는 쌤정님을 따라 저도 매일 조금씩 더 멋있어질 예정입니다.

샘정님 강의 전후로 우리 1년지기의 '한 달 이야기'를 했는데, 마침 선생님 강의가 끝나고 점심식사 후 바로 제 순서였습니다. 아고, 덜덜덜. 발표는 맨날 떨립니다. 역시나 일은 많았고 슬럼프도 있었으나, 책 판매가 좀 늘어서 슬럼프에서 금방 탈출했다고, 슬럼프의 원인은 돈이었나 보다고 했더니 다들 웃으며 박수쳐주셔서 감사했습니다.

이 날은 우리 책《내 인생에 다시없을 1년 살기》표지 시안 4개를 들고 갔습니다. 표지를 결정하고, 미리 티셔츠에 인쇄해서 입고 마라톤 연습을 하며 사전홍보를 하자고 얘기가 되어 있었습니다. 퀸스드림님과 하얀눈썹님(조 실장님)이 공동창업한 '3050 여성을 위한 캐주얼 스포츠웨어 브랜드' 에이라(EYIRA)와 함께 책 홍보를 하기로 한 것입니다.

작년에 1년지기를 처음 만나고 그들의 공저를 진행하며 저는 '1년 살기' 하면 유럽 또는 제주도에서 1년 살기 하는 느낌이 나니 최대한 모임명 보다는 '엄마들의 성장'을 키워드로 한 제목을 잡자고 했습니다. 그런데, 1년 넘게 이 모임에 참석해보니 이렇게 좋은 모임이 많이 번져나가면 좋겠다는 생각이 들었습니다. 규모를 확장시키는 것이 아닌, 모임의 취지가 전국적으로 퍼져나갈 수 있도록 알려야겠다 싶어 이번 책은 모임명으로 하자고 했습니다. 퀸스드림님이 울컥했습니다. 모임 만들고 4년 만에 그토록 원했던 제목으로 책이 나오게 되었다고 말입니다. 자신의 저서도 《내 인생의 판을 바꾼 1년》이라는 제목으로, 지난해 공저도 《다시, 시작합니다》라는 제목으로 출간되었는데, 그렇게 출판사에서 그 제목은 안 된다고 했는데, 4년 만에 돌고 돌아 드디어 모임명으로 책이 출간될 예정이니 감격스럽다고 했습니다.

표지는 4가지 시안이 다 맘에 들어서 저는 다수의 의견을 따르려 했습니다. 에이라 조 실장님이 티셔츠에는 1번 시안 그림이 적합하다고 해서, 오케이했습니다. 이 책의 표지가 그렇게 결정되었고, 티셔츠 용으로 이미지는 별도로 구매를 했습니다.

표지가 결정되고, 티셔츠를 제작하고, 우리는 10월 17일 북콘서트 날짜를 기준으로 77일 전에 '프로젝트'를 시작했습니다. 한 가지 주제로 꾸준히 77일 동안 뭔가를 해보는 것으로 말입니다. 마라톤은 취소되었지만, 우리는 각자의 공간에서 각자의 방법으로 운동 또는 책읽기 또는 공부를 하며 응원하고 있습니다. 물론, 이 또한 각자의 방향과 속도로 말입니다. 이렇게 묻어가며, 저는 매일매일 더 멋있어지고 있습니다. Really!!

독자이자 저자인
멋진 엄마들

저는 아이를 키우며 집에서 일을 합니다. 아이와 떨어져 있지 않을 수 있는 내집 서재방에서 책을 만드니, 직장생활을 할 때와 달리 혼자 일하는 시간이 대부분입니다. 정해진 시간에 출근을 하고 얼굴을 보고 회의를 하는 형식은 아니지만, 오히려 그래서 더 전화통화 업무가 많고 메일을 주고받고 전달하는 업무가 많아지기 시작했지요. 눈앞에 있으면 그냥 말로 하고 그려가며 설명해도 되는 걸 문서작성을 해서 메일로 보내거나 캡쳐받아 카카오톡으로 전해야 합니다.

혼자 일하고 혼자 결정하고(이 부분은 참 좋았습니다만) 혼자 밥 먹고 그러면서 너무 즐겼나 봅니다. 출판관계자들 모임에서도 서서히 멀어졌고, 엄마들 모임에도 잘 스며들지 못하고, 좋은 강연을 들을 기회도 스스로 포기하고, 천천히 가려고는 했지만 너무 천천히 가고 있는 저를 발견하게 된 것입니다. 아이의 또래 엄마들과는 열 살정도 차이가 나니 불편했고, 제 친구들은 아이 다 키우고 여행 다니거나 관심사가 달라 연락이 뜸해졌습니다.

성공보다는 성장을 지향하는 스타일임에도 조금씩 초조해지기 시작한 건, 출판계가 계속 불황이란 것도 한몫했습니다.

혼자 일하는 사람일수록 다양한 업계의 사람들을 만나 얘기도 듣고 교류를 해야 합니다. 생각해보니, 오랜만에 모임에 참여하게 되었더라고요. 심쿵할 만큼 근사한 비전 모임 '1년 살기'에 와서 저는 책 좋아하는 독자들을 직접 만났습니다. '이들이 읽는 책, 책 좋아하는 이들이 읽고 싶어 하는 책을 만들어야겠구나' 하는 구체적인 목표가 생겼습니다.

그동안 많은 분야의 책을 만들어왔습니다. 여행에세이도 만들었고 육아서도 만들었고 책에 관한 책도 만들었습니다. 시간이 흐르고 나이가 들며 관심의 방향이 달라지면서 출간 성향도 바뀌었습니다. 원래도 '사람' 사는 이야기에 솔깃했는데, 요즘 더 마음이 가고 재미가 있습니다. 물론 여행도 육아도 책도 본질은 '사람'에서 출발하지만, 좀 더 우리 생활로 내려와서 마음으로 내려와서 내 이야기, 내 주변의 이야기, 그리고 상상해보지 못한 다른 곳의 사람들 이야기에 자꾸 관심이 갑니다. 기획을 해서 제안하기도 하지만 투고 원고도 많이 받고 있는데, 이렇게나 많은 분들이 책을 내고 싶어 하는구나 매번 놀랍니다. 오늘의 독자가 내일의 저자가 되고, 오늘의 저자도 다른 책의 독자입니다. 저자와 독자의 경계가 약해지고 작가로의 진입장벽이 낮아지고 있습니다.

1년 살기에 오니 많은 분들이 (예비)저자들이시고 책 좋아하는 독자들이시더군요. 그분들은 '편집장'이라는 책 만드는 사람에 대해 신기해하며 좋아해주시지만, 저는 어디 가서 이런 멋지고 따뜻한 독자들을 한꺼번에 만날 수 있나 싶어 무지 감동적이고 소중합니다. 저는 정말 사심 가득한 편집장, 맞습니다.

지난 날, 자기계발서를 20년 가까이 만들어오면서 내용이 비슷비슷하기도 하고 나름의 자기계발 공식이 있어서 저는 다 안다고 생각했습니다. 그리고 독자들도 다 알고 있을 거고 살짝 지겨워할 거란 착각을 하고 있었습니다. 사실 자기계발은 실천의 문제이고, 책은 동기부여가 필요한 시점에 건드려주는 역할을 하는 것이기에 세대가 바뀌어도 우리 모두에게 필요한 항목인 걸 잊고 있었습니다.

《미라클 모닝》이 독서에 그치지 않고 수많은 온라인 프로젝트로 실천되고 있었고, 오전5시 프로젝트도 많이들 운영하고 있었습니다.

세상에나, 이건 20년 전 '아침형 인간'인데!! 또??

20년 전 아침형 인간은 이제 미라클모닝과 5AM 클럽이라는 이름으로 새로운 세대가 물려받았고, 새로운 젊은이들이 자신의 삶의 주인공이 되기 위해 새벽시간의 기운을 알아가고 있었습니다.

저는 올빼미형 인간입니다. 밤시간이 아까워 잠들지 못하고 이것저것 하는 스타일이죠. 어쩌다가 새벽에 일어나 일을 하거나 글을 쓰는 경험을 해보면 참 좋다 싶고 하루를 길게 사는 느낌이 좋아서 자주 해보려 하지만 작심삼일로 그치기 일쑤입니다. 대부분의 사람들이 이러하니 미라클모닝 모임이 만들어지고 SNS에서 서로 공유하며 자극받고 응원해주며 5주 과정, 9주 과정, 100일 과정을 성공적으로 마무리하나 봅니다.

제가 1년 살기에 와서 가장 놀랐던 건 '정말 열심히 사는 사람들이 많구나' '이렇게나 많은 엄마들이 성장하기 위해 열심히 공부하는구나' 하는 사실이었습니다. 더 나은 나를 위해 책과 강연을 찾고, 배우러 다니며 공동의 관심사를 가진 사람들과 연대하여 폭을 넓혀 나가고 있구나…. 저는 이처럼 멋진 이들에게서 힘찬 기운을 받고 돌아와 재밌는 책을 잘 만들기 위해 에너지를 쏟아붓습니다. 근사한 에너지의 선순환이 이루어지는 곳입니다. 1년 살기는.

저를 가장 긴장하게 하는 사람은 '책을 읽는 사람'입니다. 제 안에 지적 허세도 가득합니다. 친구가 책을 읽고 있으면 무슨 책인지 살펴서 나도 꼭 읽어야겠다는 욕심을 냈던 걸 보면 책 욕심과 독서 욕심은 예전부터 많았습니다. 그런 욕심과 노력과 운들이 연결되어 저를 출판사로 이끌고 창업을 하게 해주었는지도 모릅니다. '책을 만들고 책을 읽으며 사는 삶' 저를 한 문장으로 표현한다면 이렇게 근사해지니 참 좋습니다.

스테디셀러를 만들고 싶습니다. 베스트셀러를 경험하지 않은 책이 스테디셀러가 되기 어렵다는 나름의 공식이 있더군요. 그래서 곧 베스트셀러 한 번 낼 계획입니다.

창업은 곧 10년이 되어가는데, 출판계 입문한 시기를 따지니 20년이 훌쩍 넘었군요! (또 하나, 테니스! 테니스는 시작한 지 20년이 넘었습니다) 뭔가를 꾸준하게 10년을 해온 일에 책과 테니스가 둘 다 해당이 되니 무척 기쁩니다.

'열심히' 보다는 '조금씩 즐겁게'를 좋아합니다. 열심히 하다가 지치고 상처받는 것 말고 진정성 있게 조금씩 하려고 합니다. 일도 운동도. 그래야 노안이어도 75세까지 책을 만들고, 안 다치고 80까지 테니스도 칠 수 있을 테니까요.

직장생활에 지쳐서, 육아가 힘들어서, 또는 화려했던 경력이 멈추어 불안해서, 부자가 되고 싶어서 등 많은 이유로 모임들이 만들어지고 운영되고 있습니다. 나에게 지금 정말 필요한 게 무엇인지, 혹은 그걸 찾으려면 뭘 해야 하는지 알아보는 과정으로 모임을 잘 활용하면 좋겠습니다.

누구나 언젠간 혼자 일하게 되고, 그리고 언젠간 함께하게 됩니다. 바이러스 때문에 이젠 더 이상 일상의 모습으로 떠올리기 힘들어진 '모임'이 더욱 애틋해지고 소중해집니다. 변화된 형태와 모습으로 모임의 중요성이 부각될 것 같습니다.

함께하며 멋지게 성장하는 우리가 될 수 있기를 바래봅니다.

행복이 전염되듯,
성장도 전염됩니다

니컬러스 크리스태키와 제임스 파울러의《행복은 전염된다》
는 10년간 인간관계의 비밀을 연구해서 쓴 책입니다. 사회에
서 개개인이 어떻게 왜 연결되어 만나는지, 서로 어떤 영향을
미치는지를 3단계 인간관계의 법칙으로 설명하고 있습니다.
책에 이런 구절이 나옵니다.

내 친구가 행복하게 되면 내가 행복해질 가능성이 약 15% 증가
한다.
내 친구의 친구가 행복하게 되면 내가 행복해질 가능성이 약
10% 증가한다.
내 친구의 친구의 친구가 행복하게 되면 내가 행복해질 가능성
이 약 6% 증가한다.

네 단계쯤 가면 그때서야 영향력이 없어진다.

변화에 대한 결심을 하거나, 새로운 일에 도전할 때 우리는 보통 의지의 문제로 생각합니다. 하지만 우리는 늘 비슷한 상태를 유지하고 싶어 하기 때문에 큰 변화를 이루고 싶다면 환경을 바꾸는 것이 가장 빠릅니다. 그중에서도 '내가 늘 함께하는 사람들'을 내가 가고자 하는 방향의 사람들로 채운다면 내 의지를 탓하지 않고 변화할 수 있을 것입니다.

나를 지지해줄 사람들이 나의 옆에 있다면 좋겠지만, 보통은 주위에서 찾기가 어렵습니다. 그렇다면 찾아 나서야겠지요?

요즘은 플랫폼이 잘되어 있어서 검색만으로도 온오프라인에서 여러 모임들을 쉽게 찾을 수 있습니다.

"오늘의 나는 가장 많은 시간을 함께 보내는 다섯 사람의 평균"이라고 미국의 동기부여 강연가인 짐 론이 말했습니다.

내가 만나는 사람들의 생각과 행동이 나에게 영향을 미쳐 삶의 방향도 달라질 수 있습니다. 하루하루 변화를 꿈꾸는 우리는 만나는 사람이 너무나 중요합니다.

'1년 살기'에서 열정을 얻고 방향을 찾는 사람들. 모임 안에서 서로에게 영향을 주며 변화하고 있다고 생각합니다.

나의 오늘과 미래를 결정지어줄 함께하는 사람들을 어떤 사람들로 채우실 건가요?

나의 변화, 성장을 도와줄 동행자를 찾아 모임에 참여해보세요. 혼자는 어렵지만 함께라면 가능한 일들이 많아질 거예요. 우리는 지금 함께의 힘을 발휘하는 모임 '내 인생에 다시없을 1년 살기'에 참여하고 있습니다. 말하는 대로 이루어지는 신기한 경험을 하는 우리는 지금 이 책을 쓰고 있는 순간이 그저 놀랍기만 합니다.

우리들의 성장 공간, 한 달에 한 번 서로를 응원하고 지지하는 만남을 사회적 거리두기를 시작한 시점부터 멈추게 되었습니다. 다시 모임을 시작하기까지 5개월, 사회일원으로서의 책임감으로 이슈에 따라 모임을 운영하고 있습니다. 아쉬운 마음에 온라인으로 모임을 갖기도 하고, 함께 모여 있는 카톡방에서 서로를 응원하고 있습니다. 코로나로 인한 무거운 사회적 분위기와 평범한 일상의 제약으로 어려운 마음들을 이겨내고 희망을 꿈꿀 수 있는 것 또한 함께이기 때문입니다.

다시 자유롭게 모임을 개최하고 오프라인에서 얼굴 마주하고 크게 소리 내어 웃을 수 있는 날을 기대해 봅니다.

서로 응원하며 함께하는 이야기들을 적어간 이 책이 나올 수 있도록 힘든 과정을 이겨낸 여섯 명의 작가들과 이 여정이 가능하도록 많은 도움을 주신 우리 1년지기들에게 감사의 마음을 전하고 싶습니다. 아이를 낳는 퇴고의 과정에서 예민한 작가들을 지지해준 가족들에게도 감사의 마음을 전합니다.
저희의 이야기가 단 한 분께라도 도움이 될 수 있기를 간절히 소망하며, 관심 가져주신 독자여러분께도 감사드립니다.

꼭 1년 살기 모임이 아니어도 좋습니다. 나의 꿈을, 나의 변화와 성장을 함께해줄 모임을 찾아 참여하면서 더 멋진 내일의 나를 만들어가는 기회로 삼아보시는 것은 어떨까요?

2020년
《1년 살기》 일동 드림

Everything You can Imagine is Real!

건강한 3050 여성을 위한 스포츠웨어 브랜드 **EYIRA**에서

《내 인생에 다시없을 1년 살기》 독자분들을 위해

특별히 준비한 5,000원 할인쿠폰입니다.

- 5만원 이상 구매시 사용 가능
- 기타 쿠폰과 중복 할인 가능
- 2021.10.31.까지 사용 가능
www.eyira.com 홈페이지에서
사용 가능합니다.

시리얼번호 4UA6U0H497

건강하고 아름다운 당신의 특별한 1년을 응원합니다 ♡